奥武蔵 秩父 ベストハイク 30コース

重信 秀年

東京新聞

はじめに

野に出れば、景色も人もみな優しい

多摩丘陵や武蔵野から北西の方角を望むと、奥多摩の山々の右に奥武蔵の山が並んでいる。よく目立つ三角形の峰は秩父の名山、武甲山（ぶこうさん）。山並みは北にいくほど低くなり、関東平野に消える。

奥武蔵の穏やかな山々は「幸（さいわい）住むと人のいう」といった風情で旅心を誘う。上田敏（びん）訳のカール・ブッセの有名な詩は、外の世界を知ろうとする精神の現れだ。「あの山々の辺りは、どんな様子なのだろう」と思い、私は時折、奥武蔵や秩父に出かける。

行ってみると、飯能、越生（おごせ）、小川といった川沿いの町の景色も好ましく、吾野（あがの）や名栗（なぐり）など谷の集落も趣がある。麓や谷から道を上っていくと、子（ね）ノ権現や慈光寺など、古刹が山中にたくさんあるのも珍しい。さらに驚くのは、山の上の方に集落が点在していることだ。日あたりのよい南斜面に家と畑が集まっている。風影（ふかげ）、八徳（やっとく）などは、麓から1時間かけて上った尾根の上に家々が不意に現れる。まさに「白雲生（はくうんしょう）ずる処（ところ）、人家（じんか）有り」といった光景だ。

山上や山の斜面の集落は、見晴らしがよい。八徳の桜、大内沢の花桃、風布（ふうっぷ）のみかん、桂木のゆずなど、春は花、秋は果実が、山々の緑に映え、ひときわ風光明媚になる。

秩父盆地も独特の文化が息づいている。秩父市街や小鹿野（おがの）の町の散策も楽しいが、心に残る風景は、やはり山の集落。伝統行事の虫送りを継承する門平（かどたいら）や立沢（たつさわ）、城峯（じょうみね）山の谷に石垣を高く築いた家が密集する沢戸や半納（はんのう）、甲州に抜ける古街道沿いの栃本など、秩父の山上集落は地勢が険しい分、強い印象を受ける。

農業、林業といった自然相手の生活は厳しいことだろうが、出会う人々は優しくて親切だ。私は田畑で働いている人と目が合うと、挨拶して話しかける。都幾（とき）川沿いの田で、「今時、鎌で稲刈りをしているのは珍しい」と言ったら、「コンバインが回りやすいように四隅は手で刈っておく」と笑って教えてくれた。栃本の谷の急峻な傾斜の畑に青々と茂っている作物があるので、畑の人にたずねると、「燕麦（えんばく）。食べるためじゃなくて畑にすき込む緑肥。何か植えておかないと雨で土が流れるから」と答えてくれた。知らなかったことを知るのは、小さな旅の大きな喜びだ。

都会から来た人も優しい。八徳の一本桜を眺めていたら、隣にいた年配の婦人が「きれいでしょ。毎年来るの。私の里は信州の中野。ここは風景が似ている」と語りかけてきた。「ああ、朧月夜（おぼろづきよ）の」と言うと、「そう、故郷（ふるさと）の」と、ほほ笑んだ。

奥武蔵・秩父のハイキングは、郷愁の旅だ。風景も人も何だか懐かしくて、子どものころ田舎の親戚の家に行ったときのことを思い出す。だが、新しい発見や出会いもある旅なのだ。

奥武蔵・秩父のような山里や田園が残っていることは、私たち首都圏の住民にとって幸いだ。次の休日は、いつもとは違う方向に進む電車に乗って、山のあなたの空の下に出かけてみよう。

2023年3月

重信　秀年

奥武蔵 秩父 ベストハイク 30コース

飯能・入間・日高エリア

毛呂山・越生・ときがわエリア

東松山・嵐山・小川・東秩父エリア

寄居・本庄・長瀞・皆野エリア

横瀬・秩父・小鹿野エリア

奥武蔵・秩父あれこれ

奥武蔵・秩父ベストハイク
エリアマップ

- 飯能・入間・日高エリア
- 毛呂山・越生・ときがわエリア
- 東松山・嵐山・小川・東秩父エリア
- 寄居・本庄・長瀞・皆野エリア
- 横瀬・秩父・小鹿野エリア

本書の使い方

この本は、埼玉県の奥武蔵・秩父地域のうち、緑、花、清流といった自然が豊かで、景色も美しく、歩いて気持ちのよい里の道、丘の道、山の道、川辺の道などを30コース紹介している。交通の便も比較的よく、都心から日帰りで散策やハイキングを楽しめるコースを選んだ。ハイキングの計画を立てる際はもちろん、持ち歩いて現地でも活用してほしい。

●コースで出合う風景
写真は、ハイキングに出かける場所を検討する際の参考になるよう、各コースを代表する景観を選んだ。

●コース名
散策、ハイキングする場所。

●エリア
奥武蔵・秩父地域を「飯能・入間・日高」「毛呂山･越生･ときがわ」「東松山･嵐山・小川・東秩父」「寄居・本庄・長瀞・皆野」「横瀬・秩父・小鹿野」の5エリアに区分している。

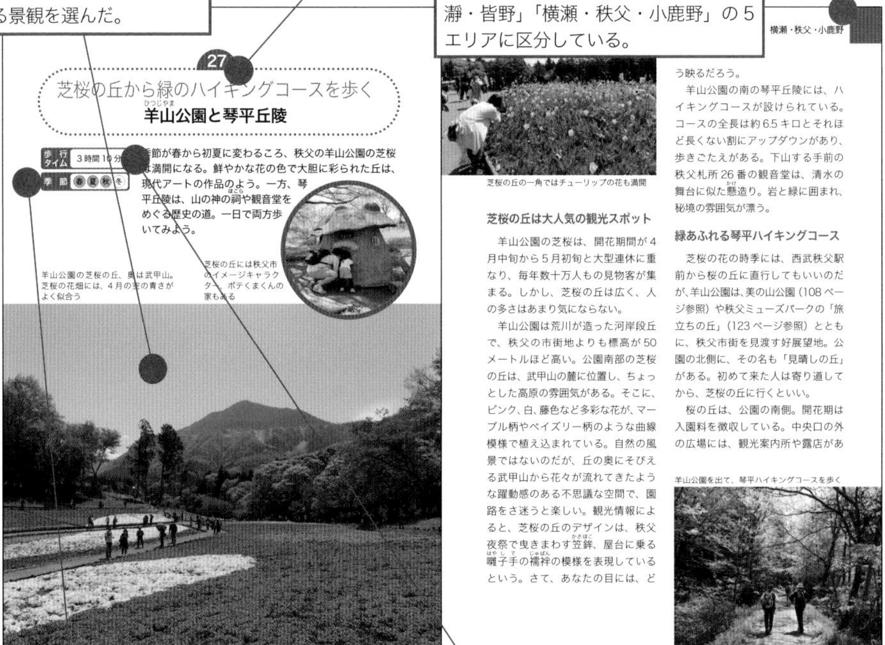

横瀬・秩父・小鹿野

27

芝桜の丘から緑のハイキングコースを歩く

羊山公園と琴平丘陵

歩行タイム 3時間10分

季節 春 夏 秋 冬

季節が春から初夏に変わるころ、秩父の羊山公園の芝桜は満開になる。鮮やかな花の色で大胆に彩られた丘は、現代アートの作品のよう。一方、琴平丘陵は、山の神の祠や観音堂をめぐる歴史の道。一日で両方歩いてみよう。

羊山公園の芝桜の丘、奥は武甲山。芝桜の花畑には、4月の空の青さがよく似合う

芝桜の丘には秩父市のイメージキャラクター、ポテくまくんの家もある

芝桜の丘の一角ではチューリップの花も満開

芝桜の丘は大人気の観光スポット

羊山公園の芝桜は、開花期間が4月中旬から5月初旬と大型連休に重なり、毎年数十万人もの見物客が集まる。しかし、芝桜の丘は広く、人の多さはあまり気にならない。

羊山公園は荒川が造った河岸段丘で、秩父の市街地よりも標高が50メートルほど高い。公園南部の芝桜の丘は、武甲山の麓に位置し、ちょっとした高原の雰囲気がある。そこに、ピンク、白、藤色など多彩な花が、マーブル柄やペイズリー柄のような曲線模様で植え込まれている。自然の風景ではないのだが、丘の奥にそびえる武甲山から花々が流れてきたような躍動感のある不思議な空間で、園路をさ迷うと楽しい。観光情報によると、芝桜の丘のデザインは、秩父夜祭で曳きまわす笠鉾、屋台に乗る囃子手の襦袢の模様を表現しているという。さて、あなたの目には、どう映るだろう。

羊山公園の南の琴平丘陵には、ハイキングコースが設けられている。コースの全長は約6.5キロとそれほど長くない割にアップダウンがあり、歩きごたえがある。下山する手前の秩父札所26番の観音堂は、清水の舞台に似た懸造り。岩と緑に囲まれ、秘境の雰囲気が漂う。

緑あふれる琴平ハイキングコース

芝桜の花の時季には、西武秩父駅前から桜の丘に直行してもいいのだが、羊山公園は、美の山公園（108ページ参照）や秩父ミューズパークの「旅立ちの丘」（123ページ参照）とともに、秩父市街を見渡す好展望地。公園の北側に、その名も「見晴しの丘」がある。初めて来た人は寄り道してから、芝桜の丘に行くといい。

桜の丘は、公園の南側。開花期は入園料を徴収している。中央口の外の広場には、観光案内所や露店があ

羊山公園を出て、琴平ハイキングコースを歩く

●季節
出かけるのに適している季節の目安。一般に奥武蔵・秩父地域のハイキングは、春と秋がおすすめ。標高があまり高くないため、夏は暑く、道に草木が茂って歩きにくい。また、冬は積雪や道が凍結している可能性がある。ハイキングの楽しさや快適さは季節だけでなく、その日の天気に大きく左右される。前日には天気予報を確認しよう。

●歩行タイム
歩行時間の目安。実際に歩いて計測しているが、歩行時間には個人差がある。また、休憩、食事、自然観察などの時間は含んでいない。自分の体力や志向に応じた時間を加えて計画を立ててほしい。歩行タイムが短いコースでも余裕を持って楽しむために、自宅は朝早く出発することが望ましい。

立ち寄り施設

地域の自然、歴史、文化、産物を知ることができる博物館、体験施設、農産物直売所などの施設を取り上げた。スタート付近にある施設は、見学する時間の余裕はなくてもハイキングの情報や地図を入手できることがあるため、立ち寄ってみるとよい。

交通アプローチ

行き帰りに利用すると便利な電車・バスの案内。過疎地域は1日の便が少ないうえに、平日と休日では、便数や終点の異なる場合もあるため、各交通機関のホームページなどで時刻表を確認してから出かけよう。

参考タイム

ハイキングの出発地から終着地までの間にある主な立ち寄り場所、施設を取り上げている。歩く速さは人によって違い、時間はあくまで目安である。この時間通り歩く必要はないが、所要時間を過ぎても次の場所に着かない場合は、道を間違えている可能性がある。地図を見て、ルートを確認すること。

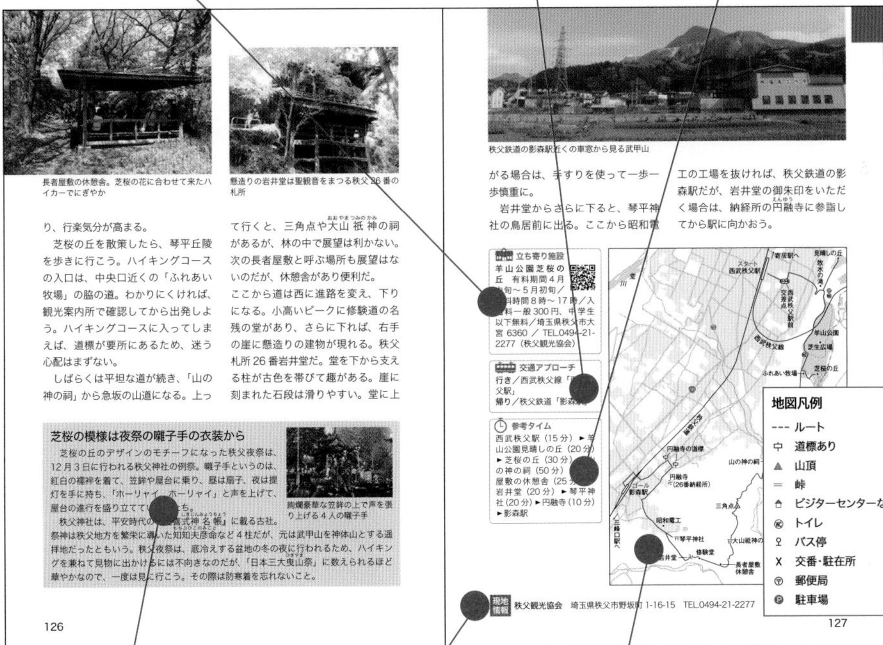

長者屋敷の休憩舎。芝桜の花に合わせて来たハイカーでにぎやか

懸造りの岩井堂は聖観音をまつる秩父26番の札所

り、行楽気分が高まる。

芝桜の丘を散策したら、琴平丘陵を歩きに行こう。ハイキングコースの入口は、中央口近くの「ふれあい牧場」の脇の道。わかりにくければ、観光案内所で確認してから出発しよう。ハイキングコースに入ってしまえば、道標が要所にあるため、迷う心配はまずない。

しばらくは平坦な道が続き、「山の神の祠」から急坂の山道になる。上って行くと、三角点や大山祇神(おおやまつみのかみ)の祠があるが、林の中で展望は利かない。次の長者屋敷と呼ぶ場所も展望はないのだが、休憩舎があり便利だ。

ここから道は西に進路を変え、下りになる。小高いピークに修験道の名残の堂があり、さらに下れば、右手の崖に懸造りの建物が現れる。秩父札所26番岩井堂だ。堂を下から支える柱が古色を帯びて趣がある。崖に刻まれた石段は滑りやすい。堂に上がる場合は、手すりを使って一歩一歩慎重に。

岩井堂からさらに下ると、琴平神社の鳥居前に出る。ここから昭和電工の工場を抜ければ、秩父鉄道の影森駅だが、岩井堂の御朱印をいただく場合は、納経所の円融寺(えんゆう)に参詣してから駅に向かおう。

芝桜の模様は夜祭の囃子手の衣装から

芝桜の丘のデザインのモチーフになった秩父夜祭は、12月3日に行われる秩父神社の例祭。囃子手というのは、紅白の襦袢を着て、笠鉾や屋台に乗り、昼は扇子、夜は提灯を手に持ち、「ホーリャイ、ホーリャイ」と声を上げて、屋台の進行を盛り立てて…ち。

秩父神社は、平安時代の…喜式神名帳(しきじんみょうちょう)』に載る古社。祭神は秩父地方を繁栄に導いた知知夫彦命(ちちぶひこのみこと)など4柱だが、元は武甲山を神体山とする遥拝地だったともいう。秩父夜祭は、底冷えする盆地の冬の夜に行われるため、ハイキングを兼ねて見物に出かけるには不向きなのだが、「日本三大曳山(ひきやま)祭」に数えられるほど華やかなので、一度は見に行こう。その際は防寒着を忘れないこと。

絢爛豪華な笠鉾の上で声を張り上げる4人の囃子手

126

秩父鉄道の影森駅近くの車窓から見る武甲山

立ち寄り施設
羊山公園芝桜の丘 有料期間4月…旬~5月初旬/…料時間8時~17時/入…料一般300円、中学生以下無料/埼玉県秩父市大宮6360/TEL.0494-21-2277(秩父観光協会)

交通アプローチ
行き/西武秩父線「…父駅」
帰り/秩父鉄道「影森…」

参考タイム
西武秩父駅(15分)►羊山公園見晴しの丘(20分)►芝桜の丘(30分)…の神の祠(50分)…屋敷の休憩舎(25分)…岩井堂(20分)►琴平神社(20分)►円融寺(10分)►影森駅

現地情報 秩父観光協会 埼玉県秩父市野坂町1-16-15 TEL.0494-21-2277

127

地図凡例

- --- ルート
- 中 道標あり
- ▲ 山頂
- ＝ 峠
- ビジターセンターなど
- トイレ
- バス停
- X 交番・駐在所
- 郵便局
- 駐車場

コラム

現地にまつわる歴史、文化、自然などを紹介するコラム。奥武蔵・秩父の歴史や文化に興味がわいたら、現地を繰り返し訪ねたり、図書館に出かけてさらに調べたりしていただけるとうれしい。

現地情報

地域の花や紅葉の状況、交通、イベントなどについて問い合わせることができる役所や観光案内所を掲載した。出かける前に不安や疑問がある場合は連絡して質問し、解消してから出発すると安心だ。

各コースの地図

同じ1キロの距離でも平地と山では歩行に要する時間はずいぶん違う。山道の上り坂は時間がかかる。また、地図では道の複雑な屈曲は省略されている。登山道の分岐にはたいてい道標が設置されているので、立ち止まって行き先と所要時間を確認する習慣をつけよう。

奥武蔵・秩父の伝統行事

祭りに合わせてハイキングに出かける日は、わくわくする。門平の虫送りのような小さな集落の行事は、現地に行ってみないと、始まる時間すらよくわからない。タイミングよく居合わせることができたら幸せだ。

8月、皆野町の立沢地区の虫送り。三柱の梵天や五色の旗を掲げ、「よろずの虫も送るよー」と呼ばわりながら練り歩く美しい行事。

門平地区の虫送り。秩父華厳の滝から歩いて、立沢の虫送りとともに見に行った。いつまでも続いてほしい風習だ。

3月、宝登山麓の不動寺で行われる長瀞火祭り。護摩供と火渡りで参詣者の招福除災を祈願。秩父路に春を告げる行事として知られている。

秩父地方で最もにぎわう秩父夜祭。12月の夜、通りを埋め尽くす群衆の頭上、屋台に乗った囃子手の「ホーリャイ」の掛け声が響き渡る。

秩父・小鹿野は、地歌舞伎が盛んな土地柄。写真は、秩父夜祭で上演された『菅原伝授手習鑑』の三段目「車引」。会場は大盛況だった。

芦ヶ久保の獅子舞。まずは『幣掛り』から始まる。雄獅子、女獅子、大雄の3頭の獅子も、ささらをすり鳴らす花笠も、みんな華やか。

上名栗の星宮神社、9月、例大祭の獅子舞の奉納。地域の人々が見守るなか、4人の花笠と3頭の獅子が遊び戯れるように舞う。

春

奥武蔵・秩父の春の風景は、実に多彩だ。草木がいっせいに花を咲かせ、目を楽しませてくれる。見晴らしのいい丘、花見の名所、新緑の山里。風はまだ冷たいから軽い上着を持って、どこかに出かけよう。

栃本では鯉のぼりが眼下を泳ぐ。畑の土の流失を防ぐため、緑肥にもなる燕麦を植える。
➡132 ページ「二瀬ダムから栃本の集落を訪ねる」

美の山公園の展望台から東を眺めると皇鈴山が大きく見える。次はあの山に行ってみよう。
➡108 ページ「親鼻駅から美の山公園へ」

春の鉢形城跡は花盛り。見上げれば、満開の氏邦桜。足元ではカタクリの花が風にそよぐ。
➡92 ページ「荒川の玉淀と鉢形城跡を散策」

春、秩父をハイキングすると巡礼に出会うことが多い。いつか私も34 の札所をめぐろう。
➡128 ページ「橋立鍾乳洞と桜の寺めぐり」

栃本は峠の向こうは長野県という山深い集落だが、たたずまいの美的センスに驚かされる。
➡132 ページ「二瀬ダムから栃本の集落を訪ねる」

夏

以前は夏になると、雪渓や高山植物のお花畑が広がる北アルプスや北海道の山にあこがれた。しかし、今は、少し前までは日本中どこにでもあったような奥武蔵や秩父の「田舎の夏」の風景が懐かしくて心にしみる。

埼玉県茶業研究所が、毎年６月上旬に開催する「狭山茶摘み体験フェスタ」は大人気だ。
➡20 ページ「加治丘陵と入間の茶畑を歩く」

都幾川の流域は水田が多い。初夏に田植えが始まると、風景は一気に春から夏に変わる。
➡72 ページ「菅谷館跡と嵐山渓谷」

梅雨が稲を育てる。同じ田を繰り返し見に行くと、稲の成長が我がことのようにうれしい。
➡48 ページ「実篤の理想郷『新しき村』を訪ねる」

夏は水辺に来ただけで幸せを感じる。時折、目の前をカヌーやライン下りの船が通っていく。
➡104 ページ 「宝登山と長瀞をハイキング」

嵐山町、比企丘陵にある菅谷館跡。兵どもが夢の跡だ。若葉が青葉になると、梅雨は近い。
➡72 ページ 「菅谷館跡と嵐山渓谷」

秋

秋はハイカーにとって楽しみな季節。空は青く澄み、歩いても汗をかかない。みかん狩りをしたり、秋祭りで獅子舞を見たり、いつもと違うハイキングができる。今年の紅葉狩りは、嵐山渓谷か、長瀞か、待ち遠しい。

9月、天覧山の頂にタカの渡りを観察する人たちが集まる。根気よく待てば、肉眼でも見える。
➡24ページ「飯能の天覧山から高麗駅へ」

嵐山渓谷の紅葉。都会の庭園の紅葉も美しいのだが、紅葉狩りは自然の渓谷に行きたい。
➡72ページ「菅谷館跡と嵐山渓谷」

機械で稲刈りする時代だが、田の角はコンバインが回りやすいようにあらかじめ手で刈る。
➡68 ページ「原爆の絵の美術館から岩殿観音へ」

風布にみかん狩りを兼ねたハイキングに行こう。「山に黄金が吹く」とはこのことだ。
➡96 ページ「波久礼駅から風布のみかん畑へ」

実りの秋を迎えた小鹿野の田。武甲山の上空で夏の雲と秋の雲が入れ替わろうとしている。
➡136 ページ「小鹿野の町と般若の里」

冬

冬はハイキングに適した季節ではないが、草木の枯れた野山や静まり返った里の風景には、ほかの季節にはない美しさや味わいがある。晴れていても気温は低い。出かけるときは防寒対策をしっかりと。

日和田山に小さな雪だるまがあった。石碑の陰に置いたため、午後もとけなかったようだ。
➲28 ページ「高麗の日和田山と巾着田」

飯能の街に面した低山でも登山用の防寒服を着て歩く。冬の山には一人では行かない。
➲24 ページ「飯能の天覧山から高麗駅へ」

ロウバイは冬を明るくしてくれる花。光の透ける黄色い花びらはきれいで、香りもよい。
➲104 ページ「宝登山と長瀞をハイキング」

飯能・入間・日高エリア

顔振峠の摩利支天堂付近　スミレ、桜、ツツジ。４月の奥武蔵は花盛り。顔振峠にハイキングに出かけよう。春の日差しを浴びている山上の集落は、風影。遠くに霞む山頂のとがった山は、秩父の武甲山だ。

☞ 36 ページ「顔振峠と八徳の一本桜」

1

風薫る茶摘みの時季に出かけたい

加治（かじ）丘陵と入間（いるま）の茶畑を歩く

歩行タイム	2時間30分
季節	春 夏 秋 冬

奥武蔵の山や里を歩く手始めに西武池袋線の元加治駅から入間川を南に渡り、展望台のある加治丘陵を越え、金子台の茶畑を歩こう。ベストシーズンは萌え出た若葉が陽光を浴びて輝く茶摘みのころ。きっと、よい思い出になる。

茶摘み娘に扮した埼玉県のマスコット、コバトン

茶業研究所のイベントで茶摘みを楽しむ人々。茶畑の彼方に奥多摩や奥武蔵の山々が見える

入間川の阿須運動公園と対岸を結ぶ流れ橋

見渡す限り広がる金子台の茶畑

加治丘陵は、飯能市と入間市の境に連なる標高180メートルほどの低い山々。南麓は日当たりのよい台地の金子台で、見渡す限り茶畑が広がっている。地元の人々が「味は狭山」と自負する狭山茶の一大産地だ。埼玉県に茶畑は多いとはいえ、これほど広大な茶畑は、ほかの地域では見かけない。

狭山茶というと、狭山市産の茶と思いがちだが、元来、「狭山」は埼玉県と東京都の境にある狭山丘陵を取り巻く広い地域の地名で、加治丘陵の南麓も狭山。同時に武蔵野台地の一部なのだが、この辺りを区別して、「入間野」や「入間台地」と呼ぶこともある。

茶畑の散策に最適な季節は、茶の木が芽吹く晩春から初夏にかけて。陽気のよいころで、青空の下、萌黄(もえぎ)色というか明るい緑色に輝く茶畑の道をゆく爽快さは、山野のハイキングとは、また違った体験だ。

入間川の岸から桜山展望台

元加治駅を出たら右に進んで踏切を渡る。入間川の上橋を過ぎ、四つ角を左折。さらに左折して川岸の遊歩道で阿須(あず)運動公園に向かう。

入間川は荒川の支流で大河ではないが、昔からよく名前が知られていた。室町時代には「入間川の水は逆さに流れる」という言い伝えがあり、道興という旅の僧は水面に自分の姿を映し、「この川の水のように私の年も逆さまに流れればいいのに」という意味の歌を詠んだ。「入間の人は逆さ言葉を話す」という風説もあり、古典芸能の狂言『入間川』は、この川を渡る際、土地の人の助言を逆の意味に取ったため、流されそうになる大名の滑稽を描いて観客を笑わせる。

加治丘陵に上るハイキングコースの入口は、あけぼの子どもの森公園

橋を渡ったら入間川遊歩道を上流に歩く

加治丘陵のハイキングコース

加治丘陵の上にある桜山展望台

の森の家の脇にある。最初は急坂だが、やがて平坦な道になる。

桜山展望台からは金子台の茶畑を一望。展望園地にはテーブル・ベンチ・トイレがあり、昼食の弁当を広げるのは、ここがおすすめ。

展望園地から丘陵を南に下り、霞川を渡ると金子台に着く。防霜ファンが林立する風景は、茶畑ならでは。台地の南側に埼玉県の茶業研究所があるので行ってみよう。茶作りの道具や品種の見本園を見学できる。例年６月初旬、「茶摘み体験フェスタ」が開催されるので、日時を合わせてハイキングすると楽しい。

中国から日本に茶をもたらしたのは、鎌倉時代の禅僧、栄西だという。栄西が書いた『喫茶養生記』は「茶は養生の仙薬なり。延齢の妙術なり。山谷之を生ずれば、其の地神霊なり」で始まる。金子台は恵まれた土地のようだ。

茶業研究所からは金子駅に向かう。金子台を横切る「茶どころ通り」は車が多く、徒歩には向かない。農作業用の細い道で駅に向かうこともで

江戸時代から広がる金子台の茶畑

入間市上谷ヶ貫にある埼玉県茶業研究所

埼玉県の茶の歴史は古く、室町時代の文献に武蔵国の銘茶として「河越茶」と「慈光茶」が出てくる。河越は現在の川越市、慈光はときがわ町の慈光寺だ。しかし、狭山で茶の栽培が本格的に行われるようになったのは、江戸時代。幕府の地誌『新編武蔵風土記稿』の入間郡上谷ヶ貫村（現・入間市上谷ヶ貫）の項に「茶の木畑」の地名が出てくる。当時から金子台には、茶畑が広がっていたようだ。

明治初期、茶は生糸と並ぶ日本の重要な輸出品だった。狭山の茶作り唄には「宇治の銘茶と狭山の濃茶と、出会いましたよ、ハアー横浜で」という歌詞が伝わっている。

桜山展望台から茶畑の金子台を一望

きるが、茶畑の道は迷いやすい。初めて歩くときは、遠回りでも広い道で金子公民館を目指そう。公民館から駅は近い。

立ち寄り施設

埼玉県茶業研究所
見学は業務に支障のない範囲で受け入れ、要問合せ。狭山茶摘み体験フェスタは開催1か月前ころ茶業研究所のホームページなどで案内／埼玉県入間市上谷ヶ貫 244-2／TEL. 04-2936-1351

交通アプローチ

行き／西武池袋線「元加治駅」
帰り／JR 八高線「金子駅」

参考タイム

元加治駅（25 分）► 阿須運動公園（5 分）► 入間川の流れ橋（15 分）► ハイキングコース入口（30 分）► 桜山展望台（20 分）► 霞川の欄干橋（15 分）► 埼玉県茶業研究所（30 分）► 金子公民館（10 分）► 金子駅

現地情報
奥むさし飯能観光協会　埼玉県飯能市本町 1-7　TEL.042-980-5051
入間市観光協会　埼玉県入間市豊岡 1-16-1 入間市役所商工観光課内　TEL.04-2964-4889

2

奥武蔵の入口、眺望抜群の低山ハイク

飯能の天覧山から高麗(こま)駅へ

歩行タイム	2時間20分
季節	春 夏 秋 冬

飯能市の天覧山は標高200メートル足らずの山だが、眺望は抜群。空気の澄んだ日は、東京スカイツリーや富士山まで見える。隣の多峯主山(とうのすやま)の頂からは、秩父方面の山々も一望。奥武蔵の歩き始めに最適な低山ハイクコースだ。

見返り坂の飯能ササは、牧野富太郎博士が発見した。埼玉県の天然記念物

多峯主山の山頂は眺望がよい。武甲山をはじめ奥武蔵・秩父の山並みが広がり見飽きない

飯能の通りには店蔵絹甚のような古い建物が残っている

谷口集落から発展した飯能

西武線の飯能駅から天覧山に向かう。飯能の市街地は、山あいの名栗（なぐり）地区から流れてくる入間川が平地に出る「谷口」にある。荒川の寄居、越辺川（おっぺ）の越生（おごせ）、高麗川の高麗本郷などもそうだが、谷口の町は山間部で生産した炭、生糸、織物などの集散地で、定期市が開かれて繁栄した歴史を持つ。谷口集落から発展した町をハイキングで訪れると、山が近く、川が流れ、古い建物が残り、歩いていて楽しい。

天覧山には麓の能仁（のうにん）寺から上る。入間川に臨んでそびえ、実際の標高よりも高く感じる。春夏秋冬、いつ登ってもよい山だ。

山頂でのんびりして飯能駅に戻っても満足できるはずだが、隣の多峯主山も眺望がよい。奥武蔵のような里山は、登山道と農道や山仕事の道が入り混じっている。実は、登山ルートが限定されている日本アルプスの高山よりも、道の多い奥武蔵の山の方が迷いやすい。地図や道標を見て歩くトレーニングを兼ねて、多峯主山に登ってみよう。

天覧山は展望の名山

飯能駅北口を出て、駅前交差点で左折し、「飯能ぎんざ」を西に行く。広小路交差点からは、大通り商店街を進む。通りに面して、観光協会があるので、ハイキングに役立つ地図やパンフレットを入手しよう。すぐに「店蔵絹（みせぐらきぬ）甚（じん）」と記した古い建物がある。江戸時代、飯能は月に６回、市が開かれた。明治になると、絹甚のような土蔵造りの商家が軒を連ねた。

飯能河原の交差点から観音寺へ。境内を抜け、市立博物館の角を北に進む。中央公園の駐車場近くに立派なトイレがある。

能仁寺は曹洞宗の大きな寺。明治

能仁寺の山門。門を入ると参道に大きな石灯籠が立ち並び壮観

天覧山の山頂。標識の標高は195メートルだが、国土地理院の地形図は197メートル

維新の飯能戦争では、旧幕府方の振武(しんぶ)軍の本陣だった。

「天覧山登り口」は、能仁寺の東

多峯主山の雨乞池。岸に休憩舎がある

武蔵台は静かな住宅地。歩道があり歩きやすい

側にある。天覧山は古くは愛宕山や羅漢山といい、今の名は、明治天皇が行幸して山頂で軍の演習をご覧になったことに由来する。現在、夜間の入山は禁止だが、昭和の作家・三島由紀夫の小説『美しい星』の主人公一家は、空飛ぶ円盤を見るため、夜、羅漢山に登る。先祖は「飯能一の材木商で、大きな財産をのこした」という設定だ。

飯能を下っていった西川材の筏(いかだ)

かつて飯能河原には筏師のための店や宿が軒を連ねた

江戸・東京の西に位置する奥武蔵の山々は「西川材」と呼ぶ材木の産地。西川材は多摩川の青梅材とともに、江戸の町の火事からの復興や東京の発展を支えた。なかでも入間川上流の名栗は、西川材の主要生産地だった。名栗で伐採したスギやヒノキを筏に組み、筏師が乗って川を下った。川幅の狭い上流は1人が1、2枚の筏を操り、飯能河原まで下ると河原で数人分の筏をつなぎ合わせ、1人乗りで12枚、2人乗りで24枚の筏にして下った。荒川を経て、江戸の入口の千住(せんじゅ)まで4、5日かかったという。筏流しは明治も盛んだったが、大正になると鉄道や車の輸送に替わり廃れた。

立ち寄り施設

飯能市立博物館　開園時間９時～17時／月曜・祝日の翌日（ただしこの日が祝日の場合は開館）・年末年始休／埼玉県飯能市飯能 258-1 ／ TEL. 042-972-1414

交通アプローチ

行き／西武池袋線「飯能駅」
帰り／西武池袋線「高麗駅」

参考タイム

飯能駅（20 分）►飯能市立博物館（5 分）►能仁寺（15 分）►天覧山山頂（15 分）►見返り坂（20 分）►雨乞池（10 分）►多峯主山（30 分）►武蔵台団地（15 分）►こま武蔵台ショッピングセンター（10 分）►高麗駅

天覧山の山頂は、川に臨んでいるためか、実際よりもずいぶん高く感じられる。展望を満喫したら多峯主山に向かおう。滑りやすい道を注意して下ると、飯能ササが茂る見返り坂。坂を上って進むと道標があり、「高麗駅」への道と分かれる。あとで歩く道だ。次に「雨乞池経由」の道標があるので、池に寄るといい。山の上にある、水を満々とたたえた池は神秘的。

多峯主山も展望が利き、秩父の武甲山が見える。下山は「高麗駅」の道標のあった分岐まで戻り、日高市の武蔵台団地に出よう。山頂直下に岩場があるので慎重に下る。

山道を抜けると住宅地の武蔵台。行く手に日和田山が見える。通りを下れば、高麗駅前。

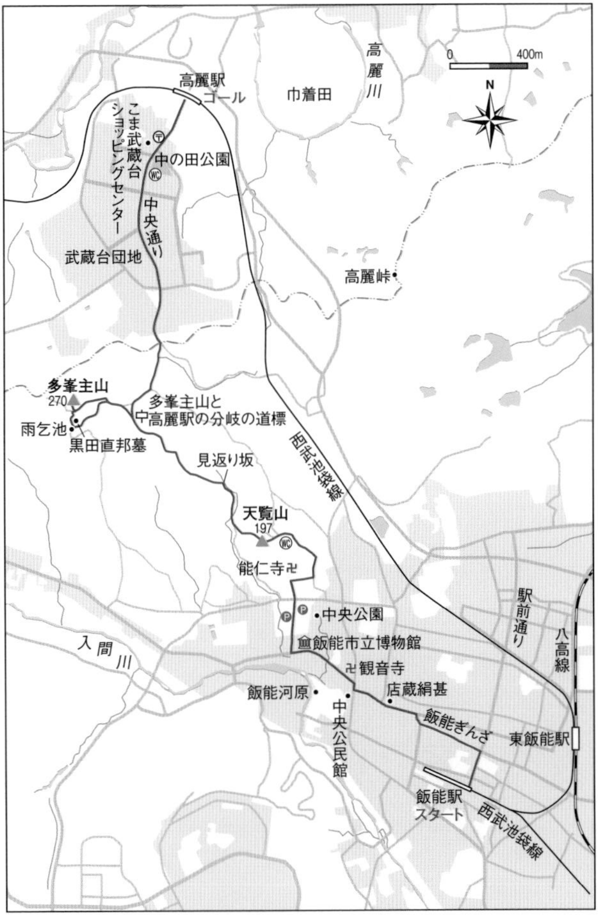

現地情報　奥むさし飯能観光協会　埼玉県飯能市本町 1-7　TEL.042-980-5051

3

山の上から花と緑の田園を眺める

高麗の日和田(ひわだ)山と巾着田(きんちゃくだ)

歩行タイム	2時間30分
季節	春 夏 秋 冬

丘陵のような山々に囲まれた高麗は、のどかな所だ。日和田山は見晴らしがよく、眼下に田園風景が広がる。巾着田は、春は菜の花、秋はヒガンバナが有名だが、イチリンソウとニリンソウの白く可憐な花が咲く、早春もいい。

高麗駅前の広場には大きなチャンスンが立っている

日和田山の金毘羅神社の二の鳥居で休憩。4月中旬、巾着田の黄色のパッチワークは菜の花

日和田山の登山口。案内図でルートを確認してから進もう

大きな円形劇場のような巾着田

高麗は東側が開けているのだが、川が山間部を抜けた所で大きく蛇行し、巾着田の地形を形成しているため、周囲を山々に囲まれた小さな盆地に見える。飯能から天覧山・多峯主山を越えて訪れたり、日和田山から見渡したりすると、特にその印象が強い。山と川に包まれた景色はのどかで、安らぎを感じる。

日和田山は標高305メートルの小高い山。北西に高指山、物見山と連なっているのだが、南麓の高麗側からの眺めは独立峰のよう。登ると、見晴らしがよい山だ。

地図ではまさに巾着袋の形の巾着田だが、日和田山からは楕円に見えて、円形劇場のようだ。曼珠沙華とも呼ぶヒガンバナの群生で知られ、例年秋の「曼珠沙華まつり」は、2週間ほどの期間中に約30万人が訪れ、会場も周辺の道路も大混雑。静かな散策を好む人は、ほかの季節に訪れた方がよいだろう。早春は河畔の林にイチリンソウやニリンソウの花が咲き、初夏は日和田山の新緑が鮮やかで美しい。

二の鳥居で巾着田を眺めて休憩

高麗駅を出ると、広場に「天下大将軍」「地下女将軍」と記した大きな柱が2本立っている。朝鮮半島の民俗信仰に由来するチャンスンや将軍標と呼ぶ男女一対の神像で、現地では外から災厄が入ってこないよう、村の入口などに立てるという。高麗

男坂と女坂の分岐。男坂方面は見晴らしの丘経由の道もある

日和田山の頂でピクニック。ベンチの傍らに三角点の標石

巾着田から日和田山を望む。広場には遠足の子供たち

は、古代に高句麗（こうくり）からの渡来人によって開かれた歴史があり、駅前のチャンスンは地域の歴史の象徴だ。

　駅前広場は新興住宅地の武蔵台に面し、日和田山と巾着田は反対側。線路をくぐり、国道を渡る。巾着田方面は角ごとに道標があり、迷う心配はない。高麗川の鹿台（ろくだい）橋を渡ったら、高麗本郷の交差点で左の道を行き、緩い坂を上ると、左に日和田山登山口への道がある。登山口には案内図やトイレがあり、便利だ。

巾着田の遊歩道。春の光が地面に届き、林の道も明るい

　一の鳥居を過ぎると、男坂と女坂に道が分かれる。男坂・女坂は高台の社寺の参道によくあり、男坂は傾斜が急で、女坂は

渡来人が開拓した高麗郡

　古代の日本には、朝鮮半島から渡来した人が各地に住んでいたが、奈良時代初めの元正天皇のとき、駿河、甲斐、相模、上総、下総、常陸、下野（しもつけ）の７国の高麗人 1799 人を武蔵国に移住させ、高麗郡を置いた。彼らは、唐・新羅との戦いに敗れた高句麗からの亡命者で、若光（じゃっこう）が長となり、この地を開拓したという。

聖天院の門前に立っているチャンスン

　若光は死後も高麗の住民から仰がれ、高麗の聖天院は若光の冥福を祈るために建立され、高麗神社は若光を祭神としている。

　聖天院と高麗神社にはチャンスンが立ち、渡来人に始まる由来を語っている。古代史に興味のある人は、ぜひ訪ねよう。

緩やか。初めて上る人には、女坂の方をすすめる。

二の鳥居まで上ると展望が開ける。眼下に巾着田を望み、天気がよければ、さいたま市や都心のビル群まで見える。この風景だけで上ったかいはあるが、山頂にも行ってみよう。

金毘羅神社の社殿の右脇の道をたどると、石塔の立つ山頂に着く。木々が茂っているが、樹間から景色の見える東側にベンチがある。石塔は宝篋印（ほうきょういん）塔という様式で、江戸時代に麓の聖天院（しょうでん）の僧が立てたもの。よく見ると、ベンチのわきに三角点の標石もある。

日和田山から高指山を経て、物見山や鎌北湖に行く健脚の人も多いが、無理をせず、来た道で高麗に下山し、巾着田をのんびり散策するのもいいものだ。歩き足りなければ、ドレミファ橋を渡り、高麗峠越えの奥武蔵自然歩道で、飯能の市街地に出る手もある。

立ち寄り施設

高麗郷古民家　開園時間４月～11月９時～16時、12月～３月10時～15時／祝日を除く月曜・火曜・年末年始休／埼玉県日高市高麗本郷245／TEL. 042-989-2111（日高市役所）

交通アプローチ

行き／西武池袋線「高麗駅」
帰り／西武池袋線「高麗駅」

参考タイム

高麗駅（20分）►日和田山登山口（40分）►日和田山（30分）►登山口（10分）►巾着田入口（20分►ドレミファ橋（15分）►巾着田入口（15分）►高麗駅

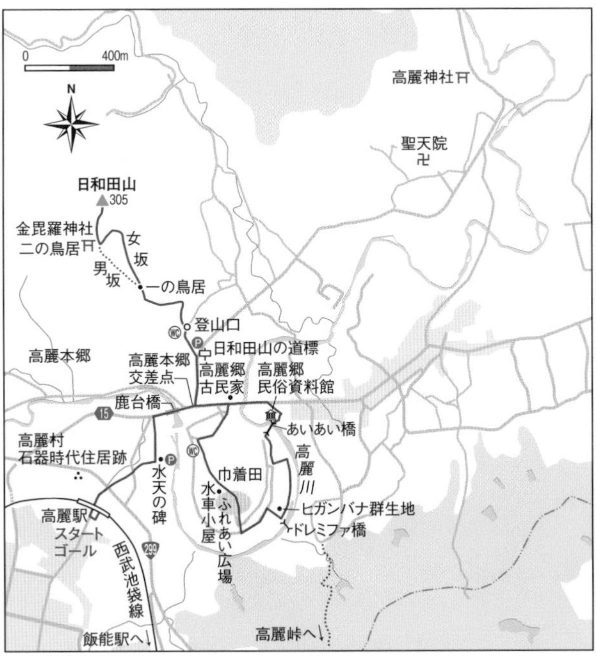

現地情報　**日高市観光協会**　日高市南平沢1020（日高市役所産業振興課内）TEL. 042-989-2111

4

清流の里を散策して、山の寺に参詣

名栗の里から竹寺へ

歩行タイム	2時間30分
季節	春 夏 秋 冬

名栗は、山水の景色が美しい。昔から材木の名産地で、昔の本に「村民は良材を売り、生活は豊かで穏やか」といったことが書いてある。そういえば、道で出会う人たちが優しい。川に沿って歩き、山道をたどり、竹寺を訪ねよう。

竹寺の境内に立っている牛頭明王の像

名栗川に沿って歩くと流れ橋がある。対岸に渡って、こちらの岸を眺めてみよう

干ばつの年は雨乞いに来る人が絶えなかったという龍泉寺

神仏習合を伝える珍しい竹寺

入間川は上流を「名栗川」とも呼ぶ。流域の名栗は、山紫水明の地。山の形がよく、川の水は澄み、集落は自然の風景に調和している。まるで、谷全体が庭園のようだ。あちこちに観光客用のトイレが設置されているのもうれしい。便利なだけでなく、ハイカーが歓迎されている土地だとわかって気分がいい。

名栗は平成に飯能市と合併するまでは村だった。江戸時代には、上名栗村と下名栗村があった。本コースは、上名栗と下名栗のちょうど境。いわば名栗の谷の真ん中だ。

竹寺は名栗の谷の東側、標高約490メートルの山中にある。八王寺が正式な寺号だが、通称のとおり、竹林が美しい。牛頭天王と薬師如来をまつり、古い時代の信仰の形、神仏習合を今に伝える珍しい寺。牛頭天王は、古代インドの寺院、祇園精舎の守護神だが、日本では疫病を防ぐ神として、京都の八坂神社などでまつられてきた。薬師如来が姿を現したものであり、素戔嗚尊や武塔神とも同じとされる。武塔神が蘇民将来に教えた茅の輪を使う厄除け法により、竹寺の鳥居には茅の輪が付いている。また、「蘇民将来子孫」と書いた六角柱の護符を頒布する。興味深い寺だが、由緒など知らずに訪れても竹林を吹く風は清々しい。

手入れの行き届いた植林の道を竹寺まで上る

送電線の鉄塔の下で休憩。武甲山が見える

川に沿って歩き、山林を上る

さわらびの湯のバス停から有間川に沿って道路を下ると、龍泉寺がある。昔は龍神がすんでいると信じられていた有間川の上流にある淵を管理し、雨乞いの霊験で知られた。さらに下ると、道路の擁壁に走る男たちの巨大な絵が描かれている。幕末、名栗村に端を発した「武州世直し一揆」をモチーフにした壁画だ。

竹寺の本殿は疫病除けの神、牛頭天王をまつる

名栗川まで下ったら橋を渡らず、川の西岸の道を上流に進む。多くの車は対岸の県道を通るため、静かな道だ。川の両岸に集落があり、板を渡しただけの流れ橋が架けてある。懐かしい日本の田舎の風景で、ゆっくり歩きたくなる。時間に余裕があれば、鳥居観音の本堂や名栗地区行政センターの「名栗くらしの展示室」

名栗に始まった武州世直し一揆

武州世直し一揆を描いた長大な壁画

名栗の壁画に描かれている武州世直し一揆は、幕末の慶応２（1866）年、幕府の地誌で「穏やか」と評された上名栗村の人々が「世直し」を掲げて、飯能の商家を打ち壊したことに始まる。一揆は瞬く間に広まって、関東地方北西部の10万人を超える農民が蜂起した。

一揆勢は、豪商、高利貸し、質屋、地主、村役人などに対し、米価の引き下げ、質入れした土地や物の返還、施し米や施し金などを要求。要求を受け入れた商家は打ち壊さず、盗みや人に危害を加えることはしなかった。

武州世直し一揆は、上野国（こうずけのくに）（現・群馬県）まで拡大したところで、幕府により鎮圧された。

本殿前の鳥居には茅の輪が取り付けてある

に立ち寄っていこう。平日は市の職員が常駐。休日は係に声をかけると展示室を開けてくれる。

通学路なのだろう、ランドセルを背負う子どもを描いた手すりに沿って右折し、小殿橋を渡ると、山裾に「竹寺入口」の道標が立っている。ここからは杉の植林の中の山道だが、林も道もよく手入れをされていて、明るく歩きやすい。初めは急坂でつらいが、送電線の鉄塔まで上ると、名栗の谷が眼下に広がる。

一息ついたら、さらに上る。稜線を越えて少し下ると、竹寺の本殿の裏に出る。正面に回って参拝し、石段を下る。鳥居の茅の輪をくぐって進むと本坊の前。周辺を散策してみよう。竹林や牛頭明王像がある。

帰路は、山の上にある鐘楼で景色を眺めてから、名栗の谷に戻ろう。小殿の「竹寺入口」まで下ったら県道を下流に歩くと、すぐにバス停だ。

立ち寄り施設

名栗くらしの展示室　開室時間9時～16時30分／年末年始休／埼玉県飯能市上名栗3125-1 名栗地区行政センター／TEL. 042-979-1121

さわらびの湯　開館時間10時～18時／第1・3水曜休（祝日は営業、翌週水曜休）／大人800円 小中生400円／埼玉県飯能市下名栗685／TEL. 042-979-1212

交通アプローチ

行き／西武池袋線「飯能駅」から国際興業バス「ノーラ名栗・さわらびの湯バス停」

帰り／国際興業バス「小殿バス停」から西武池袋線「飯能駅」

参考タイム

ノーラ名栗・さわらびの湯バス停（3分）►龍泉寺（2分）►武州世直し一揆壁画（20分）►鳥居観音本堂（15分）►小殿橋（50分）►竹寺（10分）►鐘楼（50分）►小殿バス停

現地情報　奥むさし飯能観光協会　埼玉県飯能市本町1-7　TEL.042-980-5051

5

うららかな春の日にお花見ハイク

顔振(かあぶり)峠と八徳(やっとく)の一本桜

歩行タイム	3時間40分
季節	春 夏 秋 冬

顔振峠周辺は奥武蔵に通うハイカーの間で人気のエリア。いつ訪れてもよい所だが、八徳の一本桜が満開の時に来合わせた人は幸せ。空と山を背にひとり咲く桜の木は素晴らしい。一目(ひとめ)千本の名所とは、また違うよさがある。

東は顔振峠、西は子ノ権現。吾野駅はハイキングのための駅のよう

奥武蔵の山々を背景に咲く八徳の一本桜。山を下りるのが惜しくなるほどの美しさ

秩父街道の宿場だった吾野の家並み

山上の集落を訪ね、桜見物

飯能市の高麗川沿い吾野（あがの）地区の北に顔振と書いて「かあぶり」という変わった地名の峠がある。「こうぶり」と呼ぶ人もいる。

顔振峠の近くの山の上に、風影（ふかげ）と八徳という集落がある。こちらも「ふかげ」「やっとく」と難しい読み方をする。家々の祖先は、日あたりと耕作地を求めて、山を上り、この地にたどり着いたに違いない。どちらの集落も南に向かって開けた山の傾斜が少し緩やかになった場所に家や畑が集まっている。高地の集落だけあって、見渡す景色がとてもよい。地名の呼び方も独特で、麓の町とは違う時間が流れているような印象を受ける。初めて訪れた人は「現代に、しかも東京の近くに、こんな昔話みたいな鄙（ひな）びた山里があるのか」と、驚くことだろう。

風影、八徳は、いつ訪れても景色のいい所だが、春、穏やかな日を浴びる集落の家々は、日向ぼっこをして、まどろんでいるかのような安らぎを感じさせる。特に八徳の一本桜は美しい。だが、知る人ぞ知る存在で、見に来る人はそれほど多くはない。のどかな山の里で花を眺めていると、時を忘れ、家に帰ることを忘れてしまいそうになる。

摩利支天（まりしてん）堂からの眺めは絶景

吾野駅で下車すると駅前橋のたもとに「秩父街道吾野宿」と記した柱が立っている。吾野は、江戸と秩父を結ぶ街道の宿場として栄えた歴史があり、通りに面影が残っている。

旧宿場を抜け、高麗川を渡って左に進む。借宿（かりやど）神社の前を通り、支流の長沢川を少し上流に歩くと、高山不動と顔振峠に分かれる標識がある。右の顔振峠・県道 61 号を行くと、右手に顔振峠への登山道が分かれているので、それを上る。ここから峠ま

道標に「顔振峠」とあるのを確認しながら進む

顔振峠の手前にある摩利支天の堂

で分岐もあるが、要所には道標が立っている。

視界の利かない植林の道を辛抱して上ると県道に再び出る。道路を横切ってさらに山道を行けば、見晴らしがよくなり、摩利支天の堂に着く。眼前に奥武蔵の山々が連なり、右手の山腹に風影の集落。絶景を眺め休憩しよう。

顔振峠はライダーやサイクリストにも人気

顔振峠は、摩利支天堂のすぐ上だ。奥武蔵グリーンラインが通り、サイクリングやバイクツーリングの人も多い。茶屋は活気があり、春は、たらの芽など山菜の天ぷらがうまい。

峠からはグリーンラインを傘杉峠の方に進む。頭上に八徳との分岐を示す道路標識が見えたら、八徳の方に下る。植林を抜けると景色が開け、

顔振峠の地名の由来は何だろう？

顔振峠の碑は、義経と弁慶が景色を振り返った言い伝えを記す

顔振峠の名は、源義経（よしつね）が奥州下りのとき、振り返って景色を眺めたことから付いたという。伝承とわかっていても義経が実際に通ったのか気になる。能『安宅（あたか）』や歌舞伎『勧進帳（かんじんちょう）』では、義経は北陸道で奥州に下向しているが、16歳で鞍馬寺を出奔して平泉に向かったときなら軍記物語『義経記（ぎけいき）』で東海道を通り、上野国（現・群馬県）に寄っているので、あり得ない話ではない。

顔振という地名の由来は諸説ある。江戸時代の学者・斎藤鶴磯（かくき）は『武蔵野話』に「秩父山の入口にて嶺のはじまりなり、終の嶺を足が窪嶺といふその頭に有ゆゑ冠嶺（かぶりとうげ）」と書いている。山並みに頭と足があるユニークな説だ。

下山の道のりは長いが、沢沿いで雰囲気がいい

交通アプローチ

行き／西武池袋線・秩父線「吾野駅」
帰り／西武池袋線・秩父線「吾野駅」

参考タイム

吾野駅（15分）►借宿神社（30分）►県道と登山道の分岐（35分）►摩利支天堂（5分）►顔振峠（25分）►八徳への道路標識（20分）►八徳の一本桜（40分）►高山不動参道の分岐（35分）►奥武蔵小学校（15分）►吾野駅

民家がある。さらに下れば、丘のような尾根の上に一本桜が見えてくる。屈曲した道を桜と風景を観賞しながらのんびり下っていくのは素敵な時間だ。

八徳の集落からは吾野駅に戻る。尾根道を下り、さらに川に沿ってひたすら下る。谷の集落も雰囲気がいい。下りきると借宿神社だが、手前の「吾野駅」の道標で右折し、奥武蔵小学校の前の道を通った方が、駅は近い。

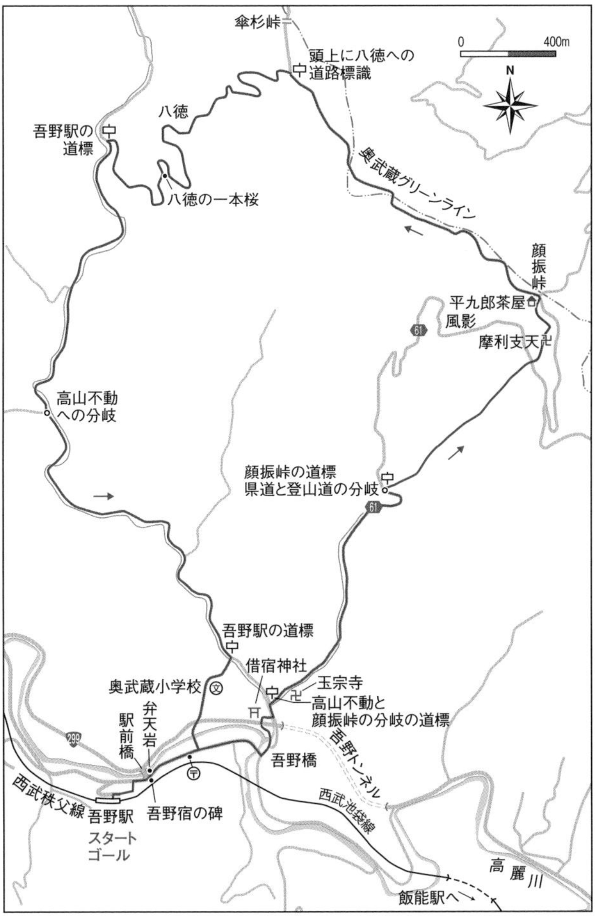

立ち寄り施設

顔振峠の平九郎茶屋　営業時間9～15時（日によって変動あり）／無休／埼玉県飯能市長沢1562／TEL. 042-978-1525

現地情報　奥むさし飯能観光協会　埼玉県飯能市本町1-7　TEL.042-980-5051

6

足腰の守護で名高い古刹に参詣

吾野駅から子ノ権現へ

歩行タイム	4時間
季節	春 夏 秋 冬

子ノ権現は足腰を守ってくれるという。「いつまでも元気で歩きたい」と願う中高年ハイカーにとっては、ありがたいことだ。山の上にあるので、参詣すると確かに足腰は丈夫になり、清々しい空気を吸って健康になった気がする。

門前の土産物屋の店先で1970年代に流行した観光ペナントを見つけた

子ノ権現の参道には仁王像もあれば、鳥居もある。現代では珍しい神仏習合の寺

吾野駅から関東ふれあいの道を歩く

関東ふれあいの道で山の寺に

吾野の谷と名栗の谷を分ける標高640メートルの山の上に「子ノ権現」の通称で親しまれている大鱗山雲洞院天龍寺がある。本尊としてまつられているのは、子ノ聖（ひじり）大権現。昔から「足腰守護」の効験（こうけん）で名高く、境内には巨大なわらじや下駄が奉納されている。

山深い場所にあるが、麓の吾野駅から「関東ふれあいの道」が通じていて、景色もよく、ハイキングの目的地に向いている。吾野側から上ると、麓の青場戸の集落に江戸時代の古民家を活用したうどんが名物の茶屋や、昔は養蚕を営んでいたのだろう、屋根の上に換気のための越屋根（こしやね）を載せた民家が残っていて、山あいの里を旅する情趣を味わえる。

青場戸からは山道になり、植林の中で眺望は利かないが、山上の林道まで上ると、山並みの彼方に関東平野を望み、よい眺めだ。目を凝らすと、向かいの山には八徳の集落、右手の山の端には顔振峠の茶屋が小さく見える。

仁王像や大わらじ、見どころたくさん

吾野駅で下車して東に向かう。顔振峠とは逆の方向だ。吾野鉱山まで行くと敷地の道との分岐にハイキングコースの道標があるので、その道を進む。鉱業所の敷地は入れないが、石灰石などの鉱石を列車に積み込むホッパーと呼ぶ鉱山独特の建物が見えて興味深い。

線路を見下ろし、川に沿って行くと、秩父御嶽（おんたけ）神社の鳥居前に出る。山の斜面の境内は東郷公園と称して

秩父御嶽神社の境内は東郷公園と称し、園内に日露戦争の遺物を展示

広く、子ノ権現の参詣とは別の日に散策するといい。秋は紅葉の名所。

子ノ権現には、高麗川支流の権現川沿いの道を上流に向かう。変哲もない田舎道だが、関東ふれあいの道の「奥武蔵の古刹を訪ねるみち」コースに設定されている。

不動堂を過ぎると浅見茶屋がある。帰路に寄ることにして、先に進もう。降魔橋からは山道を上る。コラムにある子ノ聖が、火を放って暴れる鬼を鎮めた場所は、この橋の辺りという。

植林の道を 40 分ほど上ると、子の山林道に出る。林道を左に進むと、

肉汁うどんや田舎汁うどんがうまい浅見茶屋

降魔橋を過ぎると、少し険しい山道になる

紀州で生まれた子ノ聖

奉納された巨大なわらじと夫婦下駄

子ノ権現は「子ノ聖」ともいう。伝承によると聖は、天長 9（832）年子の年、子の月、子の日、子の刻に紀伊国天野郷（現・和歌山県かつらぎ町）で生まれた。修験道の聖地、出羽国湯殿山で修業し、月山で般若経を空に投げたところ南に飛んで武蔵国の吾野の山で止まり、光で空を照らした。光を追って吾野に来た聖が、山麓で休むと、鬼の類が火を放って暴れる。聖は祈りで天龍を呼び出して雨を降らせ、鬼たちを鎮めた。火で腰と膝を痛めた聖はこの地に住み、180 歳のとき「衆生を火災と腰下の病から守らん」と告げて遷化。弟子や吾野の人々は、聖を子ノ権現としてまつったという。

子ノ聖大権現をまつる本堂。山上の堂で空が近い

折り返すようなカーブで展望が開け、子ノ権現の駐車場に着く。

駐車場を抜けてさらに上ると、二本杉がそびえている。子ノ聖の使った箸が根付いて大木になったという。土産物屋の間を通って鳥居をくぐり、参道を歩いて門を入ると阿吽(あうん)の仁王像が立っている。一目瞭然、神仏習合の寺だ。本坊前から坂を上ると本殿。傍らには名物の大わらじや下駄がある。本殿の奥には鐘楼があり、木々の間から下界を眺望できる。

帰路は子ノ権現から竹寺などに足を延ばす人もいるが、初回は来た道を戻ろう。二本杉のたもとの店は、観光ペナントのような懐かしい昭和の土産物を売っていることがあるので、年配者はのぞいてみると楽しい。麓の浅見茶屋は外観も風情があるが、内部の調度も興味深い。うどんの味もよく、おすすめだ。

立ち寄り施設

浅見茶屋　営業時間11時〜16時／水曜・第2、4木曜休／埼玉県飯能市坂石1050／TEL. 042-978-0789

交通アプローチ

行き／西武池袋線・秩父線「吾野駅」
帰り／西武池袋線・秩父線「吾野駅」

参考タイム

吾野駅（25分）►東郷公園（40分）►浅見茶屋（10分）►降魔橋（40分）►子の山林道（10分）►二本杉（5分）►子ノ権現本堂（50分）►浅見茶屋（35分）►東郷公園（25分）►吾野駅

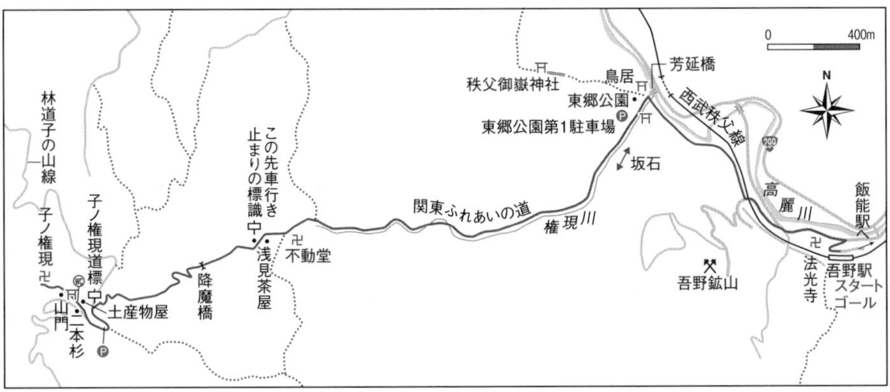

現地情報　奥むさし飯能観光協会　埼玉県飯能市本町1-7　TEL.042-980-5051

7

山上の聖地で眺望を満喫

高山不動尊と関八州見晴台（かんはっしゅうみはらし）

歩行タイム	4時間
季節	春 夏 秋 冬

奥武蔵随一の古刹、高山不動尊の参詣と、関東一円を見渡す絶景を期待して、麓の里から山道をたどろう。奥武蔵グリーンラインなどの林道を利用して車で行くと楽なのだか、一度は昔の人のように歩いて上ってみよう。

山間の西吾野駅で下車して歩き出す

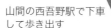

まさに関八州見晴台の名にふさわしい眺めだ。関東平野の霞む景色に春を感じる

北川の間野集落の橋を渡ると山道になる

本尊は南方を守る軍荼利明王

高山不動は奥武蔵の中でも山深い所にある。標高600メートル付近の斜面に不動堂と、元別当寺の常楽院があり、さらに上った771メートルの頂に奥の院がある。奥の院は眺めがよく、「関八州見晴台」ともいう。

高山不動の本尊は、五大明王の一尊で南を守る軍荼利明王。五大明王は、不動明王を中心に降三世・軍荼利・大威徳・金剛夜叉明王からなるが、火災により軍荼利明王だけが残ったという。平安時代の作で国の重要文化財。めったに開帳されないが、飯能市立博物館に複製がある。高さ2メートルを超える一木造りの大きな立像で、一面八臂の体に蛇を巻き、手に鉾や三鈷を持ち、迫力がある。

高地だが、高山不動のそばには「奥武蔵グリーンライン」と名付けた林道が通り、集落もある。昔は山岳霊場として栄え、江戸幕府の地誌によると、僧や御師や農民の家が40軒もあった。しかし、山の暮らしは大変で、畑は実りが悪いうえ、猪・鹿・猿など害獣も多く、「狼・熊もまゝ来たり」という様子だったという。

不動堂と見晴台の間が楽しい

西吾野駅から「萩ノ平コース」と呼ぶ山道で不動堂に登拝し、関八州見晴台で展望を満喫。沢沿いの林道を下って西吾野駅に戻ろう。

まずは駅から高麗川の支流、北川沿いの間野集落まで歩く。ここから山道になるが、不動堂に着くまで林の中で、見晴らしは利かない。しばらくは、がまんの山歩きだ。

急坂の続いていた道は、石地蔵の分岐辺りからなだらかになる。少し下ったと思うと、不動堂の石段の下で、イチョウの大木の根元から山々

石地蔵まで上れば、道はなだらか

山上とは思えない重厚で大きな不動堂

関八州見晴台にある奥の院

参考タイム

西吾野駅（20分）►北川の小橋（40分）►石地蔵（30分）►高山不動尊（30分）►関八州見晴台（25分）►高山不動尊（45分）►三社の道標（25分）►龍岩公園（25分）►西吾野駅

が見える。不動堂に参拝したら見晴台を目指す。奥武蔵グリーンラインも少したどったりしながら「関八州見晴台」の道標に従って進む。見晴台は名称のとおりの大展望。休憩や食事でくつろごう。春は桜も美しい。

下山は長沢川沿いの林道を下る。途中で「三社（みやしろ）・国道299号」の道標に従って峠を越え、龍岩公園の前に出て西吾野駅へ。道標を見逃すと、隣の吾野駅まで歩くことになるので要注意。

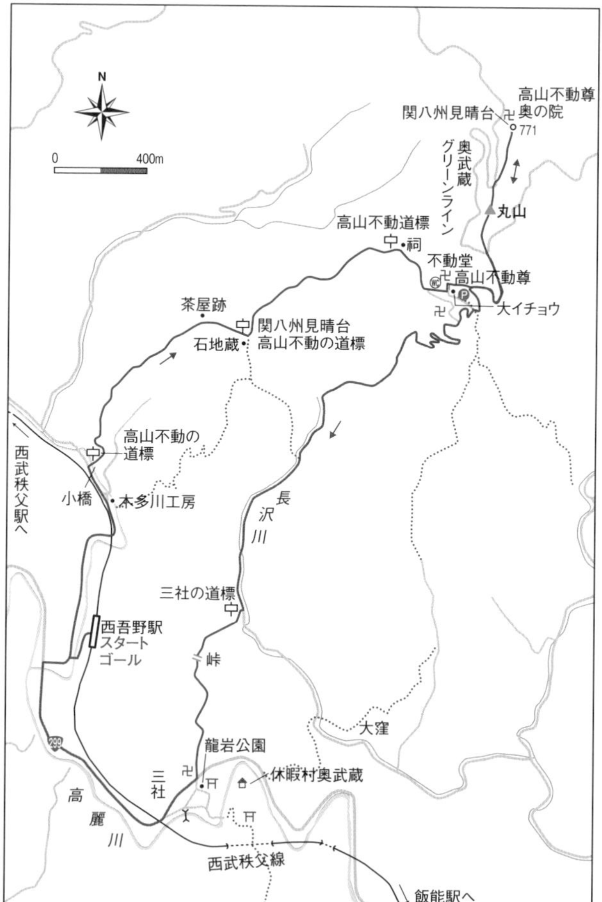

交通アプローチ

行き／西武秩父線「西吾野駅」

帰り／西武秩父線「西吾野駅」

現地情報 奥むさし飯能観光協会　埼玉県飯能市本町1-7　TEL.042-980-5051

毛呂山・越生・ときがわエリア

高麗川のぽんぽん橋付近　新しき村をあとにして、高麗川の岸まで歩こう。高麗川は奥武蔵の吾野から流れてくる清流。夏、日高市と坂戸市の境のぽんぽん橋では、水遊びやハヤ釣りを楽しむ親子をよく見かける。

☞ 48 ページ「実篤の理想郷『新しき村』を訪ねる」

8

自他共生の村を訪ね、高麗（こま）川の岸を逍遥

実篤（さねあつ）の理想郷「新しき村」を訪ねる

歩行タイム	2時間25分
季節	春 夏 秋 冬

新しき村は、作家・武者小路実篤が提唱した理想郷を実現した場所。今も田園風景の中で生活が営まれている。どのような理想を実現したものなのか、見に行ってみよう。帰路は高麗川の岸辺を歩き、ぽんぽん橋や沈下橋をめぐる。

武州長瀬駅から新しき村まで随所に道標がある

田畑に囲まれている新しき村。農業だけでなく、美術館の運営や太陽光発電なども行っている

茶畑に立つ柱に「この道より我を生かす道なしこの道を歩く」の言葉

人間らしく生きるための村

武者小路実篤は1970年代まで非常に人気のある小説家だった。ジュニア向けの文学名作選集にも『友情』などの作品が入っていた。野菜の絵に「仲よき事は美しき哉」などの名言を入れた色紙の複製もよく見かけた。実篤の言葉は誠実で、心の琴線に触れるものがあった。

実篤は作品だけでなく、生活の面でも「人間らしく生きる」ことを目指した。理想の社会を実現するために、大正7（1918）年、宮崎県に「新しき村」を建設。昭和14（1939）年には埼玉県毛呂山町に東の村ができた。

新しき村は、現在も存続している。毛呂山の村を訪ねると、住宅地の間に取り残されたように農村の風景が広がる。村内を歩くと「この道より我を生かす道なしこの道を歩く」など、実篤の言葉を刻んだ柱が立っている。茶畑、実篤の作品の美術館、村民の作品の展示場などもある。新しき村に行けば、実篤が理想とした社会を文章から想像するだけでなく、実際に見ることができる。

新しき村からほど近い高麗川の岸を歩くと、飛び石の橋や沈下橋など、田舎のような風景にも出合える。新しき村を訪ねたあと、川辺を歩き、

村の正面入口の門「この門に入るものは自己と他人の生命を尊重しなければならない」

高麗川のぽんぽん橋。水をのぞくとオイカワが群れていた

沈下橋の多和目天神橋。時代劇に出てきそうな木橋

自分にとっての「理想の生き方」を思案してみてはいかがだろう。

田園を歩き、理想の人生を考える

東武越生線の武州長瀬駅の南口を出て、新しき村の道標がある道を行く。武蔵野霊園の前で左、次の角を右に曲がって、ゆるやかな坂道を上る。毛呂山台会館の所にも道標がある。

住宅地の端まで来ると、目の前に畑になった浅い谷が現れる。対岸の林が新しき村だ。道標に従って西に進み、次の道標で水田の間の道を林の方に向かう。道なりに新しき村に入り、美術館の前に出る。書画などの作品を通して、実篤の思想をよく理解できる美術館だ。

村内を見せてもらおう。村民の作品展示場では村の歴史も紹介してい

高麗川ふるさと遊歩道。前方のビルは大学の校舎

自分も生き、他人も生きる世界をつくる

武者小路実篤の書画を展示している新しき村美術館

新しき村美術館で頒布している『新しき村について』は、1920 年代から 50 年代に武者小路実篤が書いた古い文章を集めた小冊子だが、今読んでも得るものが多い。表紙を開くと、まず「人間の誠意が生きる処（ところ）、人間の真価が通用する処、その他のものが通用しない処、それが新しき村である」と表明している。

「何のために新しき村をつくるのか」とよく質問されるという実篤は、答えを文にした。「自分も生き、他人も生きる世界をつくりたい」「一言で云えば、自他共生である」。実篤の理想の実現は、現在の世界情勢を見ると、古びるどころか、ますます重要になっている。

る。茶畑の一角に「この道より我を生かす道なし」の標柱があり、村の正面入口には「この門に入るものは自己と他人の生命を尊重しなければならない」と記した門がある。村内を歩くだけで、実篤の理想に共鳴した人々の生き方がよくわかる。

新しき村は、南側も浅い谷で水田が広がる。小川が流れ、トンボが飛び、いい雰囲気だ。

対岸の住宅地まで伸びた道で、新しき村を出る。住宅地の坂を上っていくと、老人福祉センターの城山荘があり、道は下りになる。高麗川の城山橋まで下ったら、飛び石の「ぽんぽん橋」を見に行こう。城山橋の下をくぐり、川岸を上流に進む。ぽんぽん橋の辺りは水遊びや釣りをしている家族連れをよく見かける。

城山橋まで戻って下流に向かう。沈下橋の多和目(たわめ)天神橋を渡り、高麗川ふるさと遊歩道を歩く。多和目橋を渡ったら、大学のキャンパスの間を通って、川角(かわかど)駅を目指そう。

立ち寄り施設

武者小路実篤記念新しき村美術館
開館時間 10 時～ 17 時／月曜（祝日の場合は火曜）・年末年始休／入館料 200 円、高校生まで 100 円／埼玉県入間郡毛呂山町葛貫 423-1
TEL. 049-295-5398

交通アプローチ

行き／東武越生線「武州長瀬駅」
帰り／東武越生線「川角駅」

参考タイム

武州長瀬駅(30分)►新しき村美術館(20分)►城山荘（15 分）►城山橋（20 分）►ぽんぽん橋（10 分）►城山橋（15 分）►多和目天神橋（15 分）►多和目橋（20 分）►川角駅

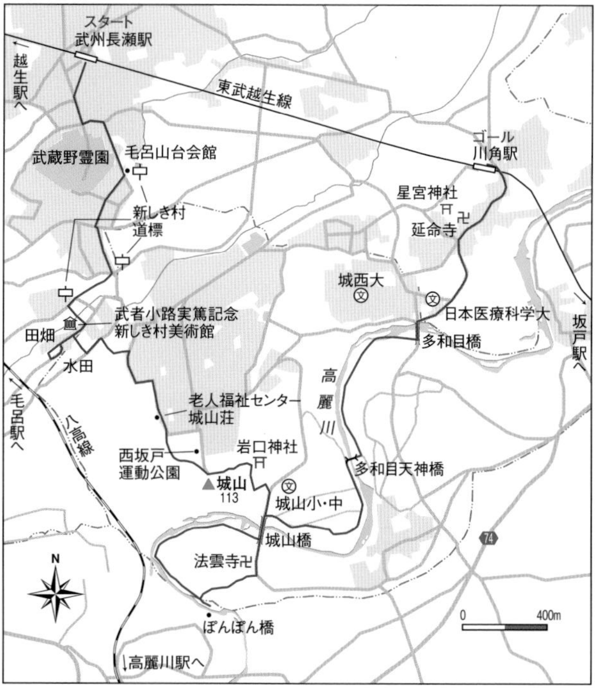

現地情報
毛呂山町観光協会　埼玉県入間郡毛呂山町滝ノ入 585　TEL.049-250-8143
新しき村　埼玉県入間郡毛呂山町葛貫 423-1　TEL.049-295-5398

9

季節の移ろいを感じ、山の堂に詣でる
ゆずの散歩道を歩いて桂木（かつらぎ）観音へ

歩行タイム	3時間15分
季節	春 夏 秋 冬

桂木観音のハイキングは、何といっても「桂木ゆず」の実が黄色に輝く晩秋が人気。しかし、梅雨の晴れ間、梅林の熟した梅の実や、ゆず畑の指先ほどの小さな緑色の実を眺めながら歩くのも、里山の季節感を味わえてよいものだ。

ゆずの散歩道の道標手前の石仏。地蔵、青面金剛、馬頭観音など

桂木観音の展望台。毛呂山の街並みから東京まで望むなかなかの景色

鈴なりの黄色に輝くゆずの実は、眺めているだけで幸せな気分

桂木ゆずと福みかんの里

ゆずは香りと酸味で秋から冬の料理に重宝される果実。全国的に有名な産地は四国や九州など南国だが、柑橘類の中では寒さに強く、関東地方の町や里でも晩秋の庭や畑で黄色の実がなっているのを見かける。埼玉県では、越生町と毛呂山町で栽培が盛ん。特に毛呂山町の桂木観音の周辺のゆずは、「桂木ゆず」と呼ばれて、昔から人気がある。毎年、11月中下旬になると、農家の前や道端の無人販売所でゆずの実を買うのを楽しみに桂木観音までハイキングに出かける人は多い。同じ時季、地元で「福みかん」と呼ぶ縁起のよい名の香りの高い清涼感あふれる小さなみかんも売っている。

桂木観音は言い伝えによると、奈良時代の名僧、行基（ぎょうき）が行脚（あんぎゃ）で立ち寄り、風景が大和国の葛城山（かつらぎ）のようだと感じて「桂木」と名付けたという。葛城山の方がずいぶん高くて大きいのだが、平地の西に横たわる山容が似ていなくもない。山門のすぐ下に展望台があり、川越市や東京スカイツリーを遠望できるほど眺めがよい。奈良の葛城山に参るつもりで、一度は参詣してみよう。

ゆずを買うなら、山を下る帰り道

毛呂駅から毛呂本郷の交差点まで行き、西に向かって歩く。庚申堂（こうしんどう）のある分岐では右の道を選ぶ。平坦で車も少なく歩きやすい道路だ。行く手に丘陵のような緑の山々が見えてきて、次第に里山の風景になる。

やがて、右手の路傍に石仏が４体並び、左前方に「ゆずの散歩道（歩道）桂木観音」の道標がある。道標を無視してそのまま道路を進んでも、ゆず畑の景色が広がり、十分楽しめるのだが、行きか帰りの片方は、散歩

晩秋はゆずの散歩道よりも車道の方が日あたりよく、快適なことも

草木あおあおとした６月のゆずの散歩道。川の水量も多い

少女とリスの像を過ぎると、車道と山道の分岐がある

道も歩きたい。桂木川の清流とゆず畑の間に設けられた遊歩道で、蟹草橋のたもとから500メートルほど上流で再び道路に合流する。

桂木川沿いをさらに前進し、「少女とリス」の像や石のアーチを過ぎると、左手に「タブノキ林〜桂木観音」の道標が立つ山道がある。道路は蛇行しながら上っていくため、山道の方が近道なのだが、滑りやすい土の道だ。下りよりは上りに歩く方がよいだろう。タブノキ林は樹木に造詣の深い人でなければ、立ち寄ってもあまり面白いものではない。上り詰めて民家のある車道に出たら、桂木観音は近い。

桂木観音の石段下の展望台は、東から南東の方角の眺めがとてもよい。ベンチやトイレもある。時折、参拝者のつく鐘の音が空高く響く。登ってよかったと実感することだろう。晩秋なら、帰り道はあちこちにある販売所でゆずや福みかんを買って、土産にしよう。

まといリスの看板に目を留めよう

桂木観音の近くの道で見かけた「まといリス」の看板

奥武蔵のような低山ハイキングでは「まといを持ったリス」の絵を添えた「火気に注意」の看板をよく見かける。まといは、江戸時代、火消しの組の象徴。まとい持ちは炎をものともせず屋根に上がって振り回し、延焼を食い止める「消し口」を仲間に指示した。まといは今も出初式などで見ることがあり、消防のシンボルだ。まといを持っているリスは、1970年代、林野庁が山火事防止のキャラクターとして制定した。面白いことに山中で見かける看板のリスの絵や火事防止の言葉には多様なバリエーションがある。見かけたら写真を撮って集めると、楽しいコレクションができる。

展望台から桂木観音に上がる参道。途中の鐘はつくことができる

立ち寄り施設

ゆずの収穫期は、日中、コースの随所に無人販売所あり

交通アプローチ

行き／ JR 八高線「毛呂駅」
帰り／ JR 八高線「毛呂駅」

参考タイム

毛呂駅（15 分）►庚申堂（30 分）►ゆずの散歩道の道標（25 分）►少女とリスの像（40 分）►展望台（3 分）►桂木観音（2 分）►展望台（30 分）►少女とリスの像（50 分）►毛呂駅

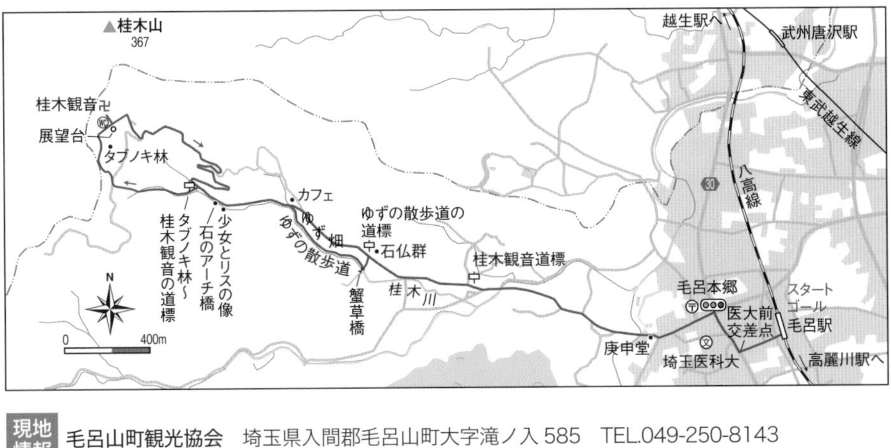

現地情報 毛呂山町観光協会　埼玉県入間郡毛呂山町大字滝ノ入 585　TEL.049-250-8143

10

梅見を楽しみに早春ハイキング

越生（おごせ）駅から越生梅林へ

歩行タイム	2時間20分
季節	春 夏 秋 冬

越生の語源は「尾根越し」といわれるように、昔から周辺の産物が運び込まれ、市が立った。梅林も歴史があり、江戸の町に梅干を出荷した。梅の開花のころは、まだ春も名のみ。冷たい風の吹く日も多く、暖かい服装で出かけよう。

梅まつりの会場で買った越生名産の梅干

越生梅林の園路。梅まつりの期間中だが、平日はのんびり歩くことができる

金子家住宅は幕末に生絹取引で繁盛した商家

春風にただよう梅の香り

梅は春の訪れを告げる花。関東地方には、水戸の偕楽園、筑波山、小田原の曽我(そが)丘陵、榛名(はるな)山麓など、梅の名所は多いのだが、東京西郊や埼玉県に住んでいる人が、ハイキングを兼ねて梅見に出かけるには、越生の梅林や青梅(おうめ)の吉野梅郷が、ちょうどよい距離だ。越生梅林は、例年２月から３月に開催される「梅まつり」に合わせて出かけると、園内はもちろん周辺の梅林もあちこち咲いて、地域全体が山や川を借景にした庭園のような見事な眺め。昔の文人では、田山花袋(かたい)が梅見には遅い時季に訪れたにもかかわらず、この地の風景を「静かで、鷹揚(おうよう)で、のんびりしてゐる形は、関東の山とはちよつと思はれない」とほめている。

「吹きくれば香を懐かしみ梅の花　散らさぬほどの春風もがな」という古い和歌がある。梅は花の色やねじれた樹形も魅力だが、それ以上に馥郁(ふくいく)たる香りが、古来、愛されてきた。

また、花だけでなく、梅雨の走りのころの青梅(あおうめ)や入梅(にゅうばい)のころの黄色い実も美しい。収穫期には梅林に梅をもぐ農家の人の姿があり、梅干や梅酒用の生梅を農産物直売所などで売っている。花以外の季節も訪れてほしい。

梅まつりの会場以外も花盛り

越生駅前には、室町時代の武将、太田道灌(どうかん)の像が立っている。弓を持って鷹狩の装束に身をつつんだ凛々しい姿だ。越生は道灌ゆかりの「山吹の里」の伝説の地で、越辺(おっぺ)川の東岸に歴史公園がある。ヤマブキも春の花だが、梅よりもずいぶん遅く、４月ごろ咲く。

駅前の通りに観光案内所があるので立ち寄るとよい。越生町は「ハイキングのまち」を宣言していて、ハイカーへの情報提供に熱心だ。県

「二七の市」の碑。月に６回、２と７の付く日に市が立った

五大尊堂。新緑のころは、ツツジの花の名所

梅まつりのときは、会場の外の梅林も花盛り

道30号に出たら北に進む。「金子家住宅主屋」という文化庁の登録有形文化財の古い商家があり、三叉路に「二七の市跡」の碑が立っている。越生は周辺地域の経済の中心地で、昔は月の2と7の付く日に市が立った。越生町役場の交差点で県道を離れ、町役場前から五大尊堂へ。五大尊堂は高台にあり、街並みの眺めがいい。周辺はツツジの名所で、4月下旬には丘が色とりどりに染まる。

次は、越辺川沿いの八幡神社を目指す。県道61号をそのまま歩いて越生梅林まで行く方が近道だが、車の交通量が多いため、越辺川の北岸の道を歩いて越生梅林に向かった方が快適だ。弘法山の裾野で景色もいい。

越生の梅林は、梅見客でにぎわっている。満開の花を眺める人は、みんな笑顔で幸せそう。園路を奥に進むと、越辺川に突き当たり、いくぶん静か。それもまた、よい。

帰りは、梅林入口のバス停から越生駅行に乗車してもいいのだが、駅までのんびり歩くのもおすすめ。その場合は、もう道に迷う心配はない

道灌の強さの秘訣は和歌の素養

越生町の「山吹の里歴史公園」

山吹の里の伝承地は複数あり、江戸後期の『江戸名所図会』は高田馬場（東京都新宿区）としている。伝承の内容は同じで、鷹狩に出て雨に降られた太田道灌は農家で蓑を借りようとして、若い女がヤマブキの花の枝を差し出したことに怒る。それは「七重八重花は咲けども山吹の実の一つだになきぞ悲しき」の歌を踏まえて蓑がないことを伝えたのだと人に諭され、おのが不明を恥じた道灌は歌を学ぶ。江戸中期の武将の逸話集『常山紀談』によると、道灌は進軍の折、「浅き瀬にこそあだ波は立て」という歌の言葉から川を渡るべき場所を判断するなど、和歌の知識を戦術に生かした。

帰途、中央橋の上から眺めた越辺川

だろうから、来たときのルートとは多少変化をつけて歩いてみては、いかがだろう。

立ち寄り施設

越生町観光案内所 OTIC 営業時間 9 時～ 17 時／年末年始休／埼玉県入間郡越生町越生 790 ／ TEL. 049-292-6783

交通アプローチ

行き／ JR 八高線・東武越生線「越生駅」
帰り／ JR 八高線・東武越生線「越生駅」

参考タイム

越生駅（5 分）►金子家住宅（5 分）►越生町役場（10 分）►五大尊堂（15 分）►八幡神社（20 分）►比丘尼橋（5 分）►越生梅林（25 分）►消防署（10 分）►八幡神社（25 分）►春日橋（20 分）►越生駅

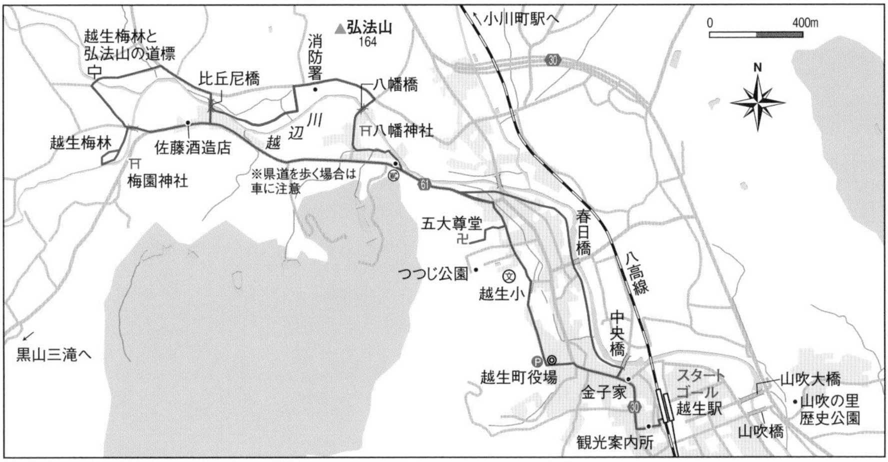

現地情報 **越生町観光協会** 埼玉県入間郡越生町越生 386-8 TEL.049-292-1451

11

深山幽谷、修験の滝と禅刹をめぐる

黒山三滝と龍穏(りゅうおん)寺

歩行タイム	2時間45分
季節	春 夏 秋 冬

越辺川の源流、清冽な水がほとばしる黒山の滝見物だけでも遠出する価値があるが、さらに歩いて深山幽谷の龍穏寺へ。悟りを得るのに山水の景色は必須ではないようだが、佳景(かけい)寂寞(じゃくまく)の寺に参ると、心が澄んでいく気がする。

土産物屋で奥武蔵の絵葉書を買った。表紙の写真は黒山三滝

黒山三滝の男滝と女滝。上の男滝から流れ落ちた水が、下で女滝を作る

黒山三滝の入口のゲート

滝の水と寺の緑で心を洗う

黒山三滝は、古くから奥武蔵を代表する名所で、今も人気の観光地。その割に静かで俗っぽくなく、知る人ぞ知るといった秘境の雰囲気が漂っている。霊場としても現役で、夏には山岳信仰の修験者によって滝開きが行われるほか、普段でも白衣（びゃくえ）の行者が滝に打たれている光景を見ることがある。

越生駅から歩いて行くには遠いため「黒山バス停」から歩くが、そうすると滝を往復しても１時間ほどしか要しない。黒山三滝だけだとハイキングには物足りないので、北隣の谷の龍穏寺まで足を延ばそう。

龍穏寺は、草創は平安時代にさかのぼるという古刹。室町幕府の将軍・足利義教（よしのり）が開基となり、扇谷（おうぎがやつ）上杉氏に命じて再興、開山は無極慧徹（むごくえてつ）。その後、戦乱により廃寺のごとくなったのを太田道真（どうしん）・道灌（どうかん）の父子が、再び盛んにしたという。そのため境内に道灌の墓がある。

江戸時代には関東の曹洞宗を司った３つの寺「関三刹（かんさんさつ）」の一つとして隆盛を極めた。初めて訪れると「越生の山中に、これほど立派な寺があったのか」と驚くほど、堂宇が整っている。

本書 34 ページ、名栗の龍泉寺の有間川の淵の龍神は、もともと、この龍ヶ谷の地にいたという興味深い伝説もある。その龍を追い払ったのは、龍穏寺の雲崗（うんこう）和尚だという。安禅（あんぜん）、毒竜を制すという言葉があるが、奥武蔵の山の上を竜が飛んでいったと想像すると、大らかな気持ちになる。

三滝から尾根を回って龍ヶ谷川へ

黒山バス停から越辺川沿いにさかのぼり、丁字路を右に折れ、「黒山三

男滝では今も滝行が行われている

尾根を巻くように林道を歩いて龍穏寺に向かう

古刹の風格漂う龍穏寺の大きな山門

滝入口」のゲートをくぐる。道なりに進むと、左に天狗滝。さらに進み、土産物屋を過ぎれば、女滝、その上に男滝がある。この三つの滝で黒山三滝という。天狗滝は奥まで行けないが、女滝と男滝は滝つぼに上がることもできる。橋を渡り山道を少し上ると、男滝と女滝を一望できて壮観。

　滝見を堪能したら、「関八州見晴台」の道標のある分岐まで戻り、斜面を登る。林道猿岩線に出たら、東の方向に歩く。切り通しを過ぎると視界が開け、ゆるやかな斜面に家が点在するのどかな風景。山の尾根を回り込むように道をたどり、分岐ごとに「龍穏寺」への道を確認して進む。北から西に進路が変わり、龍ヶ谷川沿いの道路に出る。川

「ハイキングのまち」越生に行こう

うめその梅の駅の壁にも「ハイキングのまち」の文字

　越生町は、平成28（2016）年、「ハイキングのまち」を宣言した。当時、「健康ウォーキングのまち」などを宣言している市や町はあったが、「ハイキングのまち」は全国初だった。山、川、野原、田園、社寺、四季折々の花などに恵まれ、どこを歩いてもハイキングしているような町だったことが、宣言のきっかけ。目的は、町民の健康づくりとともに、ハイキングで多くの人が訪れて、活気のある町にすること。そのためには、「ハイカーに越生町を好きになってもらい、繰り返し来てほしい」という。ぜひ、越生町にハイキングに出かけて、町の人々の取り組みを応援しよう。

境内に太田道灌の鷹狩姿の像と墓がある

をさかのぼると、路傍に六臂(ろっぴ)観音塔がある。さらに進むと、右手の杉並木の奥に龍穏寺の山門が見える。

晩春から初夏は、参道の木陰にシャガの白い花が咲き乱れる。山水の美しい境内だが、山門には「安禅必ずしも山水を須(もち)いず、心頭滅却すれば火も自ら涼し」の偈(げ)を掲げている。

門を入ると森閑として身の引き締まる境内だ。経蔵の彫刻なども見ごたえがある。

戻りは、龍穏寺から龍ヶ谷川に沿って道なりに下る。川は越辺川、道は県道 61 号に合流し、「上大満(かみだいま)バス停」がある。

立ち寄り施設

うめその梅の駅(越生自然休養村センター) 営業時間 9 時 30 分～ 16 時 30 分(季節により変動)／年末年始休／埼玉県入間郡越生町小杉 308-1 ／ TEL. 049-292-3100

交通アプローチ

行き／ JR 八高線・東武越生線「越生駅」から川越観光バス「黒山バス停」下車

帰り／川越観光バス「上大満バス停」から JR 八高線・東武越生線「越生駅」

参考タイム

黒山バス停 (5 分) ►黒山三滝入口 (20 分) ►天狗滝 (10 分) ►男滝・女滝 (20 分) ►林道猿岩線「火の見下バス停」の道標 (60 分) ►下馬門跡 (5 分) ►六臂観音塔 (5 分) ►龍穏寺 (40 分) ►上大満バス停

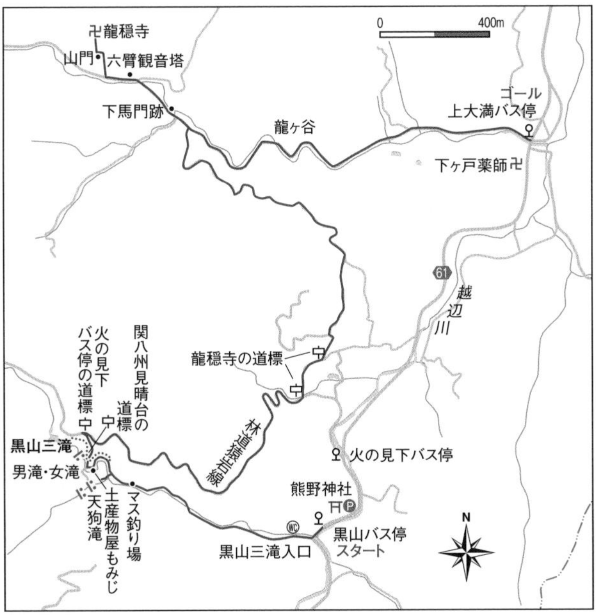

現地情報 **越生町観光協会** 埼玉県入間郡越生町越生 386-8 TEL. 049-292-1451

12

清流と山道の奥に坂東三十三観音の寺

都幾(とき)川の三波(さんば)渓谷と慈光(じこう)寺

歩行タイム	2時間15分
季節	春 夏 秋 冬

都幾川の上流、都幾山にある慈光寺は由緒のある寺で、坂東三十三観音霊場の一つ。昔は「慈光茶」と呼ぶ銘茶の産地だったという。なるほど、この寺の風光は、日本最古の茶園があるとうたう京都栂尾(とがのお)の高山寺によく似ている。

ときがわ町の乗合タクシーは慈光寺の参詣に便利

慈光寺の観音堂。これを機に坂東三十三観音霊場めぐりを始めるのもいい

三波渓谷は群馬県の三波石峡に似ていることによる命名だという

参道の板碑は鎌倉時代から室町時代の古いものだ

鑑真の高弟が創建した名刹

慈光寺は標高 463 メートルの都幾山の山腹にある。7 世紀後半、観音霊場として草創。奈良時代、鑑真の弟子の道忠が堂宇を整え、寺として創建。平安時代から鎌倉時代にかけて隆盛し、山に僧房が立ち並んだ。天台宗の寺、本尊は十一面千手千眼観音。「坂東三十三観音霊場」の第 9 番札所でもある。

本書 22 ページのコラムに出てくる室町時代の銘茶「慈光茶」は、この寺の茶だ。慈光寺には、日本に茶をもたらした栄西の弟子の栄朝が住んでいたことがある。栄西は京都栂尾、高山寺の明恵に茶の実を贈ったため、高山寺には日本最古の茶園が現存する。慈光寺の方には茶園は残ってないのだが、どちらの寺も山の東南斜面に位置し、景色が似ている。

都幾川の三波渓谷は美しいが、遊歩道はなく、靴を濡らさず水辺を歩くようなことはできない。三波渓谷は、慈光寺参詣の途中に立ち寄って眺める程度にしておこう。

巡礼者になった気分で歩く

せせらぎバスセンターから県道を西に 30 分ほど歩くと、三波渓谷。駐車場から川に下りてみよう。ひっそりとした渓谷だ。

県道をさらに西に進む。ときがわは木の町で、山々の緑が濃い。

都幾山の麓まで行くと、バス停に案内図やトイレがある。宿交差点の近くの建具会館は、町の特産の木工芸品や農産物を販売しており、のぞいてみるのもいい。

いよいよ慈光寺まで上る。車道は蛇行しているため、道標に従って山

慈光寺の参道、前半は車道、後半は山道を上る

観音堂の天井に吊るされた伝説の白馬

道を歩く方が近道になる。山門跡の板碑群が歴史を感じさせる。

山道を上り詰めると鐘楼前。道標に従って石段を上がり、門を入ると本堂。本堂から５分ほどで観音堂。本尊の千手観音は、苦悩を取り除き、安らぎを与えてくれる菩薩。天井には、夜になると抜け出して畑の作物を荒らしたと伝えられる白馬像が吊るしてある。

帰り道は来た道を歩いて戻ってもよいが、乗合タクシーを呼んで、せせらぎバスセンターか、JR 明覚駅まで乗ると楽だ。

立ち寄り施設

建具会館　営業時間４月～10月９時30分～17時、11月～３月10時～16時30分／年末年始休／埼玉県比企郡ときがわ町西平 709-3
TEL. 0493-67-0049

参考タイム

せせらぎバスセンター（30分）►三波渓谷（40分）►ときがわトレッキングコースインフォメーションセンター（25分）►山門跡の板碑群（20分）►慈光寺の鐘楼（5分）►山門（5分）►観音堂（10分）►慈光寺乗合タクシー乗降所

交通アプローチ

行き／東武東上線「武蔵嵐山駅」・「小川町駅」、東武越生線「越生駅」、JR 八高線「明覚駅」から「せせらぎバスセンター」

帰り／乗合タクシー（予約制）で「せせらぎバスセンター」か JR 八高線「明覚駅」。または「せせらぎバスセンター」からイーグルバスで東武東上線「武蔵嵐山駅」・「小川町駅」、東武越生線「越生駅」

※乗合タクシーは希望時間の30分前までに㈱越生タクシーに電話予約（TEL.049-292-8181）

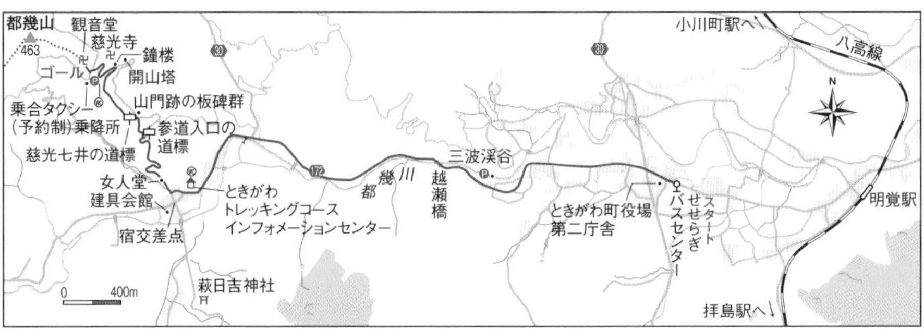

【問い合わせ先】ときがわ町観光協会（駅前案内所「ここから」）
埼玉県比企郡ときがわ町大字番匠 475-2（明覚駅構内）TEL. 0493-59-8694

東松山・嵐山・小川・東秩父エリア

東秩父村の花桃の郷　３月下旬、東秩父村の大内沢は、あたり一面、桃色に染まり、畑のわきの日だまりに座っていると幸せな気分になる。麓の景色を眺めただけで、山に登らず帰ったとしても大満足の一日だ。

☞ 88 ページ「花桃の郷から皇鈴山に登る」

13

田園風景を眺め、平和に思いをめぐらす

原爆の絵の美術館から岩殿観音へ

歩行タイム	3時間10分
季節	春 夏 秋 冬

東松山市の西部、丘陵の裾に田が広がる神戸（ごうど）地区は、田に水を張るころになると、遠浅の海辺のような光景になる。原爆の絵を展示する美術館、岩殿観音、ピースミュージアムを結んで、梅雨入り前の青空ハイキングに、さあ出発。

森にそびえる円柱は埼玉ピースミュージアムの展望塔

田植えがすんだ神戸の水田。水面に山々を映し、波静かな海のようだ

画家・丸木位里と俊の作品「原爆の図」を展示する美術館

神戸大橋から都幾川の上流を眺める

田植えどき、埼玉県に海ができる

海なし県の埼玉だが、田に水を入れる6月上旬には、あちこちに水面が広がり、まるで海ができたかのようになる。荒川流域などの広大な水田地帯の風景は大海原のようだが、低山に囲まれた水田は瀬戸内海の入り江を思わせる。東松山市の西部、神戸地区もその一つ。神戸村だった昔から都幾(とき)川の水を用水で引き込み、農業を営んできた地域だ。

田植えのころ一面の水だった田は、稲の成長とともに緑の平野になる。年に何度か通うと、そうした風景の変化が面白い。

都幾川の対岸には、昭和20（1945）年8月6日の広島の惨状を描いた作品を展示する「原爆の図丸木美術館」がある。南側の物見山に登れば、坂東三十三観音の一つ岩殿観音や埼玉県平和資料館の「埼玉ピースミュージアム」がある。のどかな田園風景がいつまでも存続するように、ハイキングの途中に立ち寄って、平和の大切さについても考えてみたい。

原爆の絵を鑑賞、岩殿観音に参詣

つきのわ駅南口から都幾川の岸の「原爆の図丸木美術館」に向かう。距離は2キロほどだが、少しわかりにくい道で初めて歩く人は30分よりも余計にかかるだろう。国道254号を渡って病院の脇を通り、白山神社を過ぎ、県道を渡って次の道を南東に行くと「丸木美術館入口」の看板があり、やがて美術館に着く。

同館は、広島県出身の画家・丸木位里(いり)と妻の俊(とし)が共同で制作した「原爆の図」の連作を展示する美術館。迫力のある作品群は、見る者の心に強い印象を与える。都幾川に面してベンチが置かれているので休憩場所にもよい。

美術館からは栗林の道を東に行き、

岩殿観音のまっすぐ続く参道

火の見櫓のある交差点の案内標識で「市民健康増進センター」の方に進む。神戸大橋で都幾川を渡ると、再び同センターの標識がある。南の山に向かって真っすぐ進む。道の両側は広い水田で、秋の稲刈りのころに歩くのもいい。

山裾に至ったら東に向かい、「廃線敷ルート」と「市民の森」の道標を頼りに坂道を上り、高本山峠を越える。峠からは道なりに下っていくと岩殿の集落になり、岩殿観音の参道入口がある。参道に向かう前に弁天沼に寄ろう。カエルがいないため「鳴かずの池」とも呼ぶ。岩殿観音には坂上田村麻呂(さかのうえのたむらまろ)の悪龍退治伝説があり、この池は龍の首を埋めた場所だという。島の堂は弁財天をまつる。

岩殿観音のまっすぐのびている参道は、往時のにぎわいをしのばせる。仁王門を入り、石段を上がれば、観音堂。本尊は千手観音菩薩。巨樹が茂り、歴史を感じさせる境内だ。

境内からトンネルをくぐると、物見山公園。山頂の展望広場から東方

「ピカは人がおとさにやおちてこん」

都幾川の岸の原爆観音堂。川を眺め平和を願う

私は広島市で生まれ育ち、平和教育を受けてきたが、被爆者をテーマにした芸術作品で、丸木美術館の「原爆の図」ほど見事なものを見たことはない。原爆ドームや広島平和記念資料館を見学に国内外から訪れる多くの人に鑑賞してもらうため、広島市で展示した方がよいのではと思うが、そうはならなかった事情があるのだろう。埼玉県の人は、この美術館が県内にあることを誇りに思うべきだ。展示室の外の原爆観音堂に「ピカは人がおとさにやおちてこん」と広島弁で書いた鳩の絵の色紙が飾ってあった。ピカは原爆のこと。その言葉を読むだけでも、ここを訪れる価値がある。

モミジやイチョウの青葉が美しい岩殿観音

「鳴かずの池」とも呼ばれる弁天池

面の眺めがよい。前方の森の上に突き出た円筒形の建物は、埼玉ピースミュージアムの展望塔。絶景が期待できるので上がってみよう。

帰りは「大東文化大学バス停」から路線バスで高坂駅に出る。

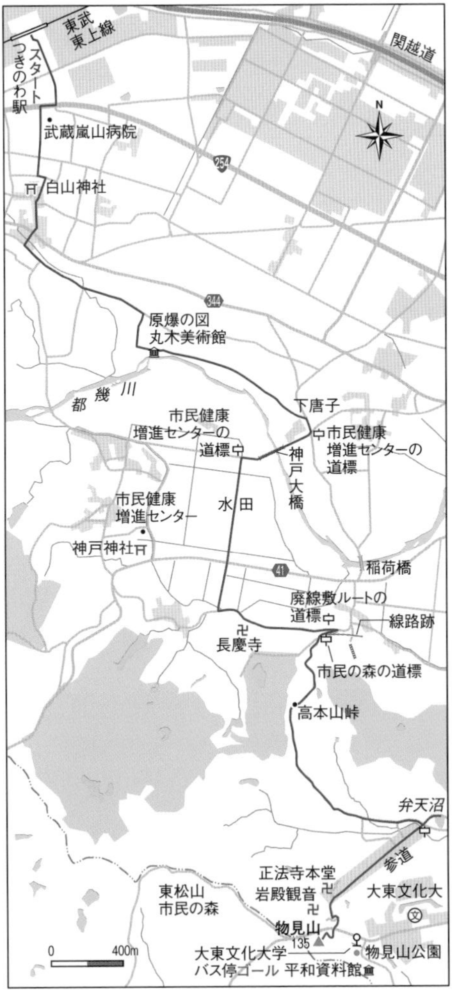

立ち寄り施設

原爆の図丸木美術館　開館時間3月～11月9時～17時、12月～2月9時30分～16時30分／月曜・年末年始休／大人900円、中高生600円、小学生400円／埼玉県東松山市下唐子1401／TEL. 0493-22-3266

埼玉ピースミュージアム（埼玉県平和資料館） 開館時間9時～16時30分／月曜（祝日の場合は翌日）・年末年始休／東松山市岩殿241-113／TEL. 0493-35-4111

交通アプローチ

行き／東武東上線「つきのわ駅」

帰り／川越観光バス「大東文化大学バス停」から東武東上線「高坂駅」

参考タイム

つきのわ駅（35分）►原爆の図丸木美術館（25分）►都幾川の神戸大橋（35分）►廃線敷ルートの道標（15分）►高本山峠（25分）►弁天沼（20分）►岩殿観音堂（15分）►物見山（10分）►埼玉県ピースミュージアム（10分）►大東文化大学バス停

現地情報 **東松山市観光協会**　埼玉県東松山市松葉町1-2-3　TEL. 0493-23-3344

14

武蔵嵐山(らんざん)の歴史と自然にふれる旅

菅谷館(すがややかた)跡と嵐山渓谷

歩行タイム	3時間15分
季節	春 夏 秋 冬

嵐山渓谷の紅葉や都幾川の桜堤の開花に合わせて訪れてもよいが、混雑する時季を避けて、早春、晩春、初夏に歩くのもいいものだ。うららかな大蔵(おおくら)の空に揚(あ)げ雲雀(ひばり)。ここほどキジの姿をよく見かける田野を私はほかに知らない。

嵐山町大蔵の休耕地で縄張りを守っている雄のキジ

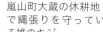

初夏、都幾川の桜並木の堤を歩く。右手は一面の麦畑、麦秋だ

菅谷館跡にある嵐山史跡の博物館

坂東武者の夢の跡を訪ねる

槻川と都幾川が合流する嵐山町には、京都の嵐山に風景が似ているため命名された嵐山渓谷や、鎌倉時代の武将、畠山重忠の居館だったとされる国指定史跡の菅谷館跡がある。

平安時代末、平家を都落ちさせた武将、源義仲は、信濃国木曽で育ったため「木曽義仲」と呼ばれたが、生誕地は嵐山町菅谷の都幾川の対岸、大蔵と伝えられている。田畑の広がる大蔵地区は、春になるとヒバリがさえずりながら空高く上がり、休耕地の茂みでは雄のキジが縄張りを主張して「ケーン、ケン」と鳴く。これぞ日本の春の田園という風景だ。

その西の鎌形地区は、路傍の石仏や地蔵が郷愁を誘う。嵐山町のハイキングは、風景と自然と歴史を一度に楽しめる旅だ。

学校橋から眺める都幾川と外秩父の山々

大蔵地区の史跡と田園をめぐる

武蔵嵐山駅から、まずは嵐山史跡の博物館を目指す。駅前の通りを進むと「嵐山駅入口」の交差点に休憩所があり、町の観光地図が掲げられている。今日歩いて回る場所を把握しておこう。国道254号を渡ると、嵐山史跡の博物館。この地域の歴史を知るため、一度は入館するといい。同館の敷地は、菅谷館跡の三ノ郭で、博物館の裏手に畠山重忠の像や二ノ郭、本郭がある。館跡に隣接して、オオムラサキの森や蝶の里公園があり、春から夏にかけて昆虫写真家などナチュラリストも集まる。

館跡を南に抜け、都幾川の二瀬橋を渡ると、桜並木の美しい堤。川に沿って西に行った方が、嵐山渓谷は近いのだが、東に進んで大蔵地区を探訪しよう。学校橋まで桜堤が続き、右手には麦畑や水田が広がる。

キャンパーが集まる学校橋河原は、中世には鎌倉街道上ノ道の渡河地点だった。学校橋の南の大蔵の集落には、木曽義仲の父、源義賢が住んだと伝わる大蔵館跡や義賢の五輪塔の墓がある。

大蔵には木曽義仲の父、源義賢の墓がある

路傍の石仏は青面金剛。庚申信仰の本尊で道祖神でもある

大蔵館跡の大蔵神社から県道 172 号を離れ、広々とした畑の間の道を西に進む。鎌形まで長い道のりだが、春は鳴き声のする方を見ると、派手な色彩の雄のキジを見つけることができる。夏は道端に茜色のヤブカンゾウやノカンゾウが咲く。

都幾川の八幡橋を渡り、鎌形八幡神社を経て、鎌形の集落を北に進む。県道を避けて一本西側の道を歩くと、のどかな風景で落ち着く。

「嵐山渓谷」の道標がある度に指示に従う。やがて道は車道から遊歩道になり、渓谷の冠水橋のたもとに出る。橋の手前の道を上流に進むと行き止まりになるのだが、景色の美しい場所なので行って休憩するといい。

帰り道は、冠水橋を渡って遊歩道を下流に行く。飛び石で対岸に渡り、さらに進むと、バーベキュー場がある。県道 173 号に出たら、槻川橋を

気は優しくて力持ちの武将、畠山重忠

菅谷館跡にある畠山重忠の像

畠山重忠は坂東武者の理想とされる武将。知勇を兼ね備え、情に厚く、大力の持ち主だったという。『源平盛衰記(じょうすいき)』では、源義経(よしつね)が一の谷の平家軍を攻めるため、鵯越(ひよどりごえ)を馬で下ると決めたとき、重忠は三日月という栗毛の肥えたたくましい馬に乗っていたが、馬から降りて谷をのぞき込み、「ここは険しくて危なそうな場所だから馬をいたわろう」と言い、手綱(たづな)や腹帯をより合わせて紐を作り、鎧(よろい)の上から馬を背負い、椎の木を杖にして岩の間を下りた。見ていた人たちは「人間ではなく、鬼神のすることだ」と驚いた。虚構だが、重忠の優しさと大力ぶりをよく伝えている逸話だ。

嵐山渓谷の名所の一つ冠水橋

渡り、武蔵嵐山駅に向かう。

千手堂バス停の所で県道と分かれて東の道を行き、大妻嵐山中学・高校の脇を抜ければ、往路で通った嵐山史跡の博物館前の交差点だ。

立ち寄り施設

嵐山史跡の博物館　開館時間9時～16時30分(入館は16時まで)、7月～8月は9時～17時（同16時30分まで）／月曜（祝日の場合は開館）・年末年始休、臨時休館あり／一般100円、高校・大学生50円／埼玉県比企郡嵐山町菅谷757／TEL. 0493-62-5896

交通アプローチ

行き／東武東上線「武蔵嵐山駅」
帰り／東武東上線「武蔵嵐山駅」

参考タイム

武蔵嵐山駅（20分）►嵐山史跡の博物館（5分）►菅谷館跡(10分)►都幾川の二瀬橋(25分）►学校橋河原（10分）►源義賢の墓（5分）►大蔵神社（30分）►鎌形八幡神社（35分）►嵐山渓谷（20分）►槻川橋（35分）►武蔵嵐山駅

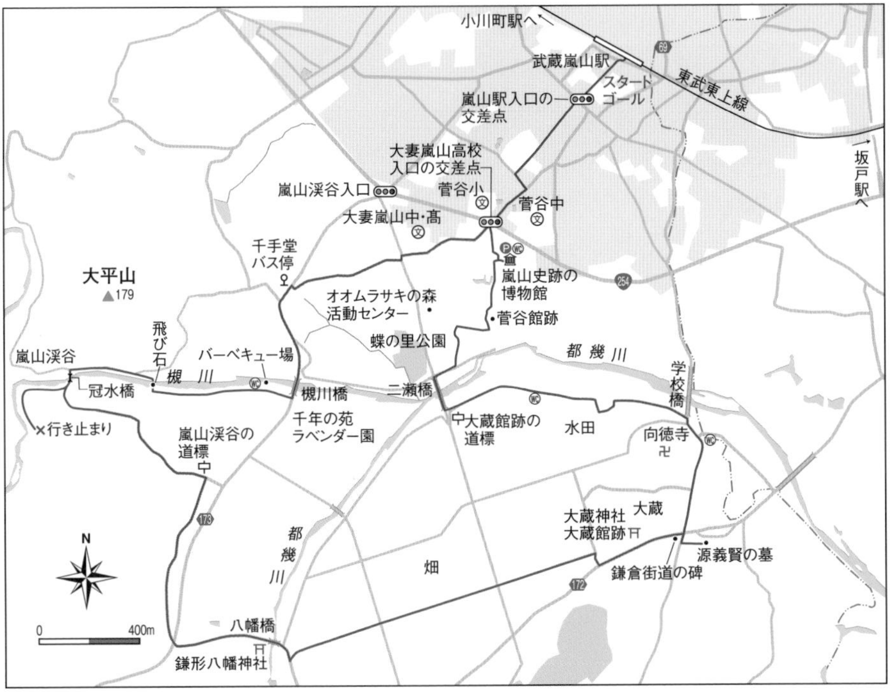

現地情報　嵐山町ステーションプラザ嵐なび　埼玉県比企郡嵐山町菅谷100-4　TEL. 0493-62-8730

15

武蔵の小京都を見渡す丘にハイキング

小川町の仙元（せんげん）山見晴らしの丘公園

歩行タイム	1時間40分
季節	春 夏 秋 冬

秩父山地と比企（ひき）丘陵の境の盆地にある小京都、小川町。江戸と秩父や上州を結んで人や物が行き交って栄え、紙の産地としても繁盛した。川が流れ、緑の山々に囲まれた町は、自然も豊か。初めてのハイキングに向いている。

小川町の通りでは、紙店の看板が目に付く

仙元山見晴らしの丘公園の展望台からは、小川町の街並みが眼下に広がる

小川町の本町通り。古くから栄えてきた歴史を感じさせる

和紙づくりの町を丘から眺める

小川町は槻川と支流の兜(かぶと)川が合流するこぢんまりした盆地の町。「武蔵の小京都」と呼ばれるのだが、町の通りを歩いているだけでは、京都らしさは感じられないかもしれない。しかし、市街地の外れにそびえる仙元山中腹の「見晴らしの丘公園」に上ると、一目で納得できる。眼下に展開する市街は、まさに小さな京都。小川町は、和紙作りが盛んなことなど伝統文化的な事柄を含めて小京都と認められたようだが、見晴らしの丘からの眺めだけで十分、京都の雰囲気を伝えている。

仙元山見晴らしの丘公園は、道の駅おがわまちから往復すると、割と簡単なのだが、せっかくの機会だから、小川町の通りも歩いてみよう。町角に「紙」や「小川和紙」の看板を掲げた建物があり、和紙作りの町を実感できる。

20 分ほどの山歩きで大展望

小川町駅前から花水木通りを南に歩き出す前に、通り入口の観光案内所に立ち寄って、ハイキングや町の見どころの情報を得ておこう。

国道 254 号に突き当たったら左折。この道は「本町通り」ともいい、昔から小川町のメイン通り。小川町の人は進取の気性に富んでいるようで、関東各地にあるスーパーマーケットの「ヤオコー」や全国に店舗がある

槻川の馬橋から仙元山と見晴らしの丘を望む

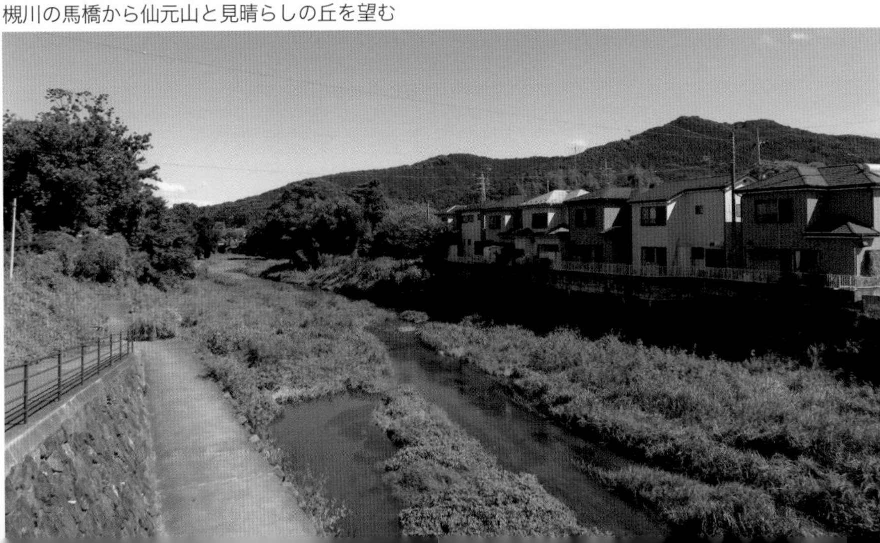

仙元山の麓まで来ると、のどかな道だ

見晴らしの丘公園を目指して遊歩道を上る

衣料品店の「しまむら」は、この通りの商店から発展した。

「本町二丁目」の交差点まで来たら右折し、県道30号を南に進み、槻川の馬橋を渡る。橋の上から下流側に望む山が、仙元山。左手の山の端に見晴らし公園の展望台も見える。

「青山陸橋西」の交差点を渡ったら、「ハイキングコース見晴らしの丘公園」の道標がある。ここからは要所ごとに道標があり、見失わなければ、道を迷うことはない。

進むに従って鄙(ひな)びた風景になり、ハイキング気分が増していく。休憩所を兼ねた川向公衆トイレの向かい側の坂道に「仙元山遊歩道」の標柱が立っている。坂を少し上り、「遊歩道」の道標に従って石垣の間の小道を入ると、山道になる。見晴らしの丘公園までは20分ほどの山歩き。雨の後などは道がぬかるんで滑るため、靴は底のしっかりしたものを履いて行こう。ササと雑木の道を上っていくと「オオムラサキの林」からの道と合流する。

見晴らしの丘公園に着いたら展望台に上がろう。小川町が盆地だということがわかる。家々の屋根が象嵌(ぞうがん)

紙すきは、山里の冬の仕事

小川町や隣の東秩父村は、昔から紙すきが盛んだった。現在、両町村の楮(こうぞ)を原料に手すきで作る紙は「細川紙」としてその技術が国の重要無形文化財に指定され、ユネスコの無形文化遺産に登録された。だが、江戸時代の本には、小川村は細川・程村(ほどむら)・仙過(せんか)・岩国・岩城(いわき)・小菊などの紙を作るが、すべて「小川紙」と呼んで出荷したとある。

道の駅おがわまちのシンボル、紙すき人形

東秩父村の民は「農間の稼ぎに男は炭を焼き、女は養蚕のほか夏秋の間は絹を織り、冬より春の間は紙を漉(す)く」暮らしだったとも書いてある。紙をすくときにネリとして加えるトロロアオイは温度が高いと粘り気が出ないため、紙すきは水の冷たい冬の仕事だった。

細工のようで、その間を小さな車や列車が動き、いつまでも見飽きない。

下山は上ってきた道を分岐まで下り、「オオムラサキの林」の方に進む。同林の展示館を過ぎると、すぐに麓の道路。右に歩いて西光寺の門前から槻川の大寺橋を渡り、下流に少し行けば、左手に道の駅おがわまちに至る歩行者用の小道がある。道の駅からはバスで小川町駅に戻る。駅前の観光案内所で近くの紙店を教えてもらい、特産の和紙を買って帰ると、よい記念になる。

仙元山見晴らしの丘公園の展望台

交通アプローチ

行き／JR 八高線・東武東上線「小川町駅」
帰り／JR 八高線・東武東上線「小川町駅」

立ち寄り施設

仙元山見晴らしの丘公園　月曜（祝日の場合は開園）・年末年始休（展望台、遊歩道は利用可）／ローラー滑り台大人 200 円、小中学生 100 円／埼玉県比企郡小川町小川 1442 ／ TEL.0493-73-1000

参考タイム

小川町駅（15 分）►槻川の馬橋（20 分）►川向公衆トイレ（20 分）►見晴らしの丘公園展望台（20 分）►カタクリとオオムラサキの林展示館（10 分）►槻川の大寺橋（10 分）►道の駅おがわまち（5 分）►伝統工芸会館前バス停

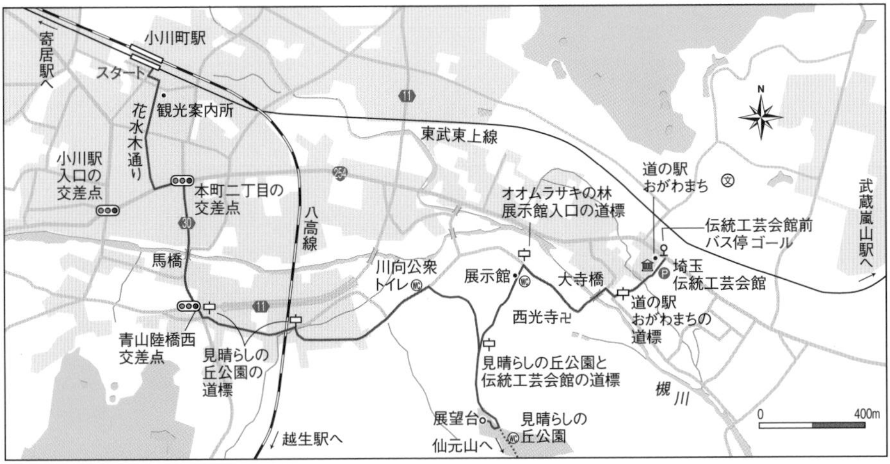

現地情報　小川町観光案内所「むすびめ」　埼玉県比企郡小川町大塚 1176-5　TEL.0493-74-1515
小川町観光協会　埼玉県比企郡小川町大塚 55　TEL.0493-72-1221

16

町村境の山を下り、囲炉裏端（いろりばた）で憩う

官（かん）ノ倉（くら）山と吉田家住宅

歩行タイム	3時間30分
季節	春 夏 秋 冬

小川町西部の山と里を歩こう。東秩父村との境にそびえる官ノ倉山は里山にしては山深く、登りごたえがある。麓には、埼玉県最古の民家が現存。囲炉裏で燃える火を見つめ、地元の人の話に耳を傾けて過ごす休日は、いいものだ。

登山道に登山届のポストがある。出してない人は、ここで出そう

北向不動を過ぎた辺りの山道。このあと急坂になる

石の祠が置かれた石尊山の頂上。麓の丘や町が見える

昔の暮らしが息づく古民家

比企郡小川町の西部、西に向かえば寄居(よりい)町、南に官ノ倉山を越えれば東秩父村という勝呂(すぐろ)地区や笠原地区の風景は、「小京都」と呼ばれる小川町駅の周辺の垢ぬけた街並みとは少し印象が異なる。昔は勝呂や笠原は比企郡ではなく、西隣の男衾(おぶすま)郡の村だったと知ると、鎌倉時代の『男衾三郎絵詞』に登場する優男(やさおとこ)の兄の吉見二郎と、武骨な弟の男衾三郎が連想されて、何となく合点がいく。

勝呂には、江戸時代中期、享保6(1721)年の棟札(むなふだ)が発見され、建築年代の明らかな住宅としては、埼玉県で最も古い吉田家住宅がある。国指定の重要文化財だが、素晴らしいことに土間も座敷も家屋全体を、そば、うどん、団子を商う店として使っている。しかも囲炉裏の火で団子を焼き、焼き鳥を自分であぶって食べることができる。囲炉裏端には観光客が座るだけでなく、地元の農家の人も集まって「今年の作柄」を話し合っていたりする。何だか昔話の世界に迷い込んだ気分になる。

吉田家住宅だけでも訪れる価値は十分あるのだが、笠原地区から官ノ倉山に登り、帰りに勝呂地区に寄ってみよう。

眺望がよく、登りがいのある石尊山(せきそん)

東武竹沢駅の東口を出て南に進む。兜川の橋を渡ったら川の流れに沿う

官ノ倉山の頂上。木々や石尊山が展望を多少さえぎる

入母屋、茅葺屋根の吉田家住宅。ドライブやサイクリングの人も来る

囲炉裏端で、団子が焼けるのをのんびり待つ

ようにして南西に進む。前方に帆刈商店という店の看板が見えたら手前の四つ角を右折して、笠原踏切と国道 254 号を渡る。諏訪神社の前を通り、道なりに行くと、田園風景になり、笠原地区憩の場のトイレがある。ここからは、山道だ。

官ノ倉山までは「外秩父七峰縦走ハイキングコース」の道標が要所に立っているので安心だ。昔は雨乞いを行ったという北向（きたむき）不動までは平坦な道。途中、登山届のポストがあるので提出しよう。

北向不動から道は徐々に傾斜が急になる。石尊山の頂上手前は岩場なので慎重に。石尊山の標高は官ノ倉山と同じ 344 メートル。石の祠（ほこら）があり、見晴らしがよい。石尊信仰は丹沢の大山が有名。大山は眺望のよい山頂で、不動尊や雨乞いで古来名高い。この地域の昔の人は、この山にも似たものを感じたのだろう。

石尊山から官ノ倉山は近く、どちらの山頂で休むかは好みだ。私は石

秩父の生んだ俳人、金子兜太（とうた）

東武竹沢駅西口の句碑「薄明に倒れ木躍る浅き眠り」

東武竹沢駅の西口には小川町生まれの俳人、金子兜太の句碑がある。金子は、大正８（1919）年、小川町で生まれ、皆野町で育ち、東京大学経済学部を出て日本銀行に勤め、熊谷に住んだ。

高校の国語の教科書にも載る著名な句「銀行員ら朝より蛍光す烏賊（いか）のごとく」のように、作風は花鳥風月や余情を避け、前衛的で社会的で大胆な印象があるが、秩父を詠んだ句や文章には郷愁のような優しさが感じられる。

秩父の人を思う句「曼珠沙華（まんじゅしゃげ）どれも腹出し秩父の子」や「夏の山国母いてわれを与太と言う」は、亡くなる３年前の 95 歳のとき、「自選百句」に選んでいる。どちらものどかでおおらかな句だ。

尊山の方が、視界が開けて開放感があると思う。

官ノ倉山の下山は、頂上の直下に少しだけある岩場に注意。林の中の小道を下ると、天王池に出る。ここからは平坦な里の道。

三光（さんこう）神社から東に行けば、東武竹沢駅は近いが、吉田家住宅に寄るために西に進む。事前に休館日でないことを確認しておこう。

吉田家住宅からはＪＲ竹沢駅か東武竹沢駅に向かう。竹沢駅には首都圏では珍しい「駅ノート」が置かれているので、東武竹沢駅に向かう人も興味があれば、立ち寄ってみよう。

ＪＲ竹沢駅と東武竹沢駅の間に江戸時代の飢饉の警告碑が残る

立ち寄り施設

吉田家住宅　開館時間 10 時～ 16 時 30 分／月曜・火曜（祝日の場合は翌日）・年末年始休／埼玉県比企郡小川町勝呂 423-1 ／ TEL. 0493-73-0040

交通アプローチ

行き／東武東上線「東武竹沢駅」
帰り／東武東上線「東武竹沢駅」

参考タイム

東武竹沢駅（25 分）►笠原踏切（20 分）►笠原地区憩いの場トイレ（20 分）►北向不動（30 分）►石尊山（15 分）►官ノ倉山（30 分）►天王池（10 分）►三光神社（25 分）►吉田家住宅（20 分）► JR 竹沢駅（15 分）►東武竹沢駅

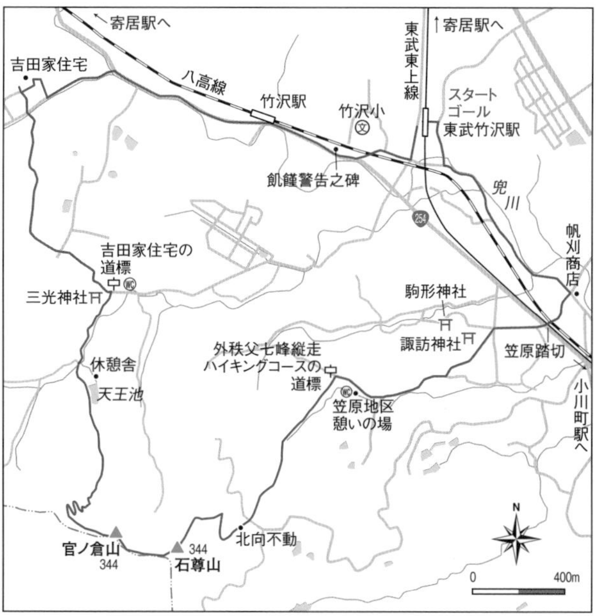

現地情報　小川町観光案内所「むすびめ」　埼玉県比企郡小川町 1176-5　TEL.0493-74-1515
小川町観光協会　埼玉県比企郡小川町大塚 55　TEL.0493-72-1221

17

牛が草を食み、子ヤギが遊ぶ山上の楽園
大霧山と彩の国ふれあい牧場

歩行タイム	4時間
季節	春 夏 秋 冬

東秩父村の谷のバス停から峠に登り、大展望の山頂と牧場を訪ねる。こちらの山は青空だが、向かいの山では白い雲がわき、風に飛んでいく。草原では牛が横たわり、子ヤギが跳ねる。秩父に、こんな素敵な高原があったことに驚く。

彩の国ふれあい牧場、ＪＡちちぶミルクハウスのソフトクリーム

秩父高原牧場で放牧されている牛たち。のどかで雄大な風景だ

粥新田峠の案内地図でルートを確認する登山者

大展望の山頂と広い草原の牧場

首都圏の人の多くは、八ヶ岳や那須岳の麓まで行かないと、牧場風景は見ることができないと思っていないだろうか。そんなことはない。埼玉県には秩父高原牧場がある。しかも、山麓ではなく、山の上にある牧場なので見晴らしがとてもよい。秩父高原牧場は農家から乳牛の子牛を預かって放牧する県営の育成牧場だが、施設の一部が「彩の国ふれあい牧場」として、一般に公開されている。

近年では初夏に放牧地の一角を「天空のポピー」と呼び、花の名所として花好きの人の間で知られるようになったが、年間を通してもっと多くの人が牧場風景を楽しみに訪れるようになるといい。放牧の牛やヒツジを眺め、子ヤギと触れ合っていると、気分がリラックスする。

牧場の南には、日本武尊（やまとたけるのみこと）が粥（かゆ）を煮た伝承のある粥新田（かゆにた）（粥仁田とも書く）峠を隔てて、標高767メートルの大霧山がある。見晴らしがよく登りがいのある山だ。一説には、山名は「霧や雲がかかることが多い」ためだというが、秩父のほかの山々に比べて、そういう感じはしない。地名の起源はともかく、天気の良い日の展望は抜群で、秩父周辺の山々はもちろん、八ヶ岳、浅間山、草津白根山、谷川岳、日光白根山など、日本百名山をいくつも見渡せる。

今度の週末、天気が晴れの予報なら、彩の国ふれあい牧場と大霧山と、二つの名所を結ぶ贅沢なハイキングに出かけよう。

峠に上ってしまえば、楽々ハイキング

橋場のバス停で下車したら、槻川を渡って車道を上って行こう。途中、山道を利用すれば、栗和田の集落まで近道できる。

栗和田は山の中腹の日あたりのよ

大霧山の頂上。昼食のあとは展望案内板で山座同定しよう

ふれあい動物広場は、秩父高原牧場で一番人気の場所

牧場の展望広場。右手は笠山と堂平山

い集落だ。公衆トイレの手前、車道の左側に「大霧山」の道標の立つ山道があるので、その道を入る。

西洋の童話のように子ヤギがたわむれている

ふれあい牧場方面との分岐は左に行き、まずは粥新田峠から大霧山に登る。粥新田峠は、江戸時代、江戸・川越と秩父盆地を結ぶ主要な道だった。そのため、峠を西に下った場所にある四萬部寺（しまぶ）が、秩父札所めぐりの第１番になったという。

峠から大霧山までは樹林を通る。「関東ふれあいの道」でよく整備されており、道に迷うことはまずない。大霧山では眺望を楽しもう。

粥新田峠まで戻ったら、今度は「ふ

江戸と秩父を結んだ粥新田峠

粥新田峠に上る途中にあった栗和田の集落が眼下に見える

江戸時代、江戸から秩父に至る道は３筋あった。熊谷から寄居を経て荒川沿いを通る「熊谷通り」、川越から小川町を経て粥新田峠を越える「川越通り」、飯能から吾野（あがの）を経て正丸（しょうまる）峠を越える「吾野通り」だ。

現在でいえば、熊谷通りは秩父鉄道、吾野通りは西武秩父線のルートだが、粥新田峠越えの道は、秩父牧場や大霧山を訪ねる人しか使わない。けれども、江戸時代、江戸から秩父札所三十四所観音霊場めぐりに旅立った人にとっては、この道がメインルートだった。滑稽本の作者、十返舎一九の秩父巡礼記『方言修行金草鞋（むだしゅぎょうかねのわらじ）十一編』にも「(巡礼の）多くは川越通りを行く」と記されている。

れあい牧場」の方に進む。こちらは舗装道路で歩きやすく、気分はもう登山ではなく、ピクニックだ。

しばらくすると林を抜けて、牧場らしい風景が広がる。栗和田からの車道が合流し、広い道を進むと、駐車場や売店がある。ここのソフトクリームは牧場気分も相まってとても美味しい。さらに進むと、展望広場、ふれあい動物広場、モーモーハウスなどがある。

午後、放牧していた牛が牛舎に戻ってくるころになったら、そろそろ帰路に就いた方がいい。下山は粥新田峠に戻るよりも車道を栗和田まで下る方が楽だろう。

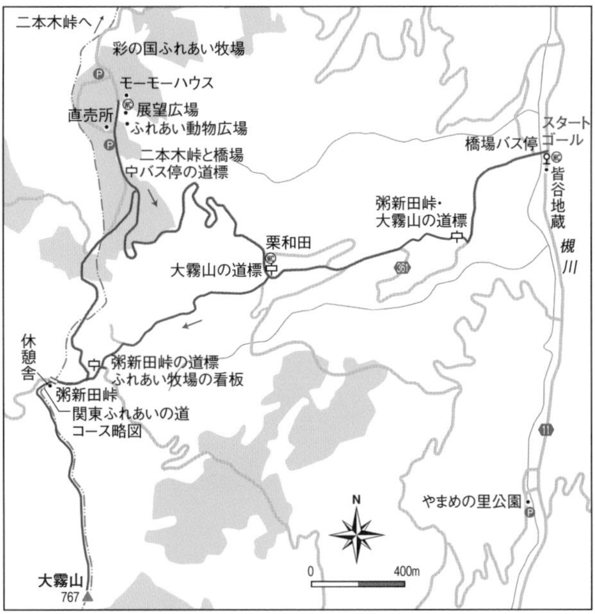

立ち寄り施設

彩の国ふれあい牧場　開場時間9時～16時30分(入場は16時まで)／月曜（祝日の場合は翌日)・年末年始休／入場無料／埼玉県秩父郡東秩父村大字坂本2949-1／TEL. 0493-82-1500

交通アプローチ

行き／JR八高線・東武東上線「小川町駅」からイーグルバスで「橋場バス停」
帰り／イーグルバス「橋場バス停」からJR八高線・東武東上線「小川町駅」

参考タイム

橋場バス停（40分）►栗和田のトイレ手前の分岐（30分）►粥新田峠（45分）►大霧山（30分）►粥新田峠（35分）►彩の国ふれあい牧場の展望広場（60分）►橋場バス停

現地情報　東秩父村産業観光課　埼玉県秩父郡東秩父村大字御堂634　TEL. 0493-82-1223

18

風景が桃色に霞む、春の大内沢

花桃の郷から皇鈴（みすず）山に登る

歩行タイム	3時間20分
季節	春 夏 秋 冬

東秩父村の大内沢地区は「花桃の郷」と呼ばれる。その愛称にたがわず、春はまさしく桃源郷。日あたりのよい山肌に点在する家々の間を埋めるように花桃が咲く。林道を詰めて、「天空のベンチ」がある皇鈴山にも登ってみよう。

花桃畑に残された枝に咲く花だが美しい

3月下旬、東秩父村の大内沢は桃色に染まる。春霞の空と桃の花の色はよく合う

展望台から大内沢を眺める。家々の屋根の色も鮮やか

茱萸ノ木峠から、まずは登谷山。峠に戻って皇鈴山に登る

花の命は短い、思い切って出かけよう

東秩父村の大内沢地区は、東に開けた谷の南向き斜面の傾斜が比較的緩やかで、日あたりがよく、花桃畑が広がっている。

花桃の花は、２年目の枝を出荷するものらしく、１年目の枝は翌年の出荷に向け畑に残しておく。そのため、開花期を迎えると、集落の半分の花桃畑は花盛りになる。売り物に比べれば、枝の花付きはよくないのかもしれないが、十分美しい光景だ。部屋に活けた花もきれいだが、野外で咲く花は生き生きしている。

大内沢の花桃の開花期は、例年３月下旬から４月上旬と短い。花桃の郷の風景を見たいと思ったら、雑事は放り出し、思い切って出かけた方がいい。いずれにしろ、大内沢で桃の花に包まれていると、ほかのことはすべて忘れてしまうことだろう。

花桃の枝を買うなら帰り道で

大宝（たいほう）バス停から県道を南に歩き、「花桃の郷入口」の大きな看板で右折し、慈雲堂の前を通って花桃の郷に向かう。やがて、花桃の郷公園駐車場とトイレがあり、小山の頂に展望台が見える。まずは、展望台に上がってみよう。大内沢をぐるりと見渡す絶景だ。斜面に散らばる家々の屋根と畑がパッチワークのようだ。

展望台を下りたら、集落を散策しよう。花桃畑が点在し、菜の花が道を縁取り、遠くの山は霞む。梅や桜とは、また違う春の美景だ。

集落の中だけを散策してもいいのだが、次は集落の西の山をハイキングしてみよう。

林道上ノ貝戸（うえのかいと）線を上り、分岐で「皇鈴山展望台」の道標に従い、茱萸（ぐみ）ノ

皇鈴山の展望台の下にある「天空のベンチ」

集落を散策する花見客。地元の人たちは寛容に受け入れてくれる

木峠に上る。峠の北は登谷（とや）山、南は皇鈴山。両方、登ってもいいし、どちらか一つだけ登ってもいい。一つなら、「天空のベンチ」がある皇鈴山をすすめる。

帰りは、大内沢に下山して、再び桃の花を満喫しよう。路傍で、花桃の枝を売っている。土産に買ったら静かに持ち帰ろう。花桃のつぼみは触れると、ぽろぽろ落ちてしまう。

桃の花は人を優しくする効果があるのかもしれない。道ですれ違う人は見物客も地元の人もみんな穏やかで幸せそうだ。

交通アプローチ

行き／JR八高線・東武東上線・秩父鉄道「寄居駅」からイーグルバス「大宝バス停」

帰り／イーグルバス「大宝バス停」からJR八高線・東武東上線・秩父鉄道「寄居駅」

参考タイム

大宝バス停（5分）►花桃の郷入口の看板（15分）►花桃の郷展望台下の駐車場（5分）►展望台（60分）►茱萸ノ木峠（10分）►登谷山（10分）►茱萸ノ木峠（15分）►皇鈴山（10分）►茱萸ノ木峠（50分）►花桃の郷展望台下の駐車場（20分）►大宝バス停

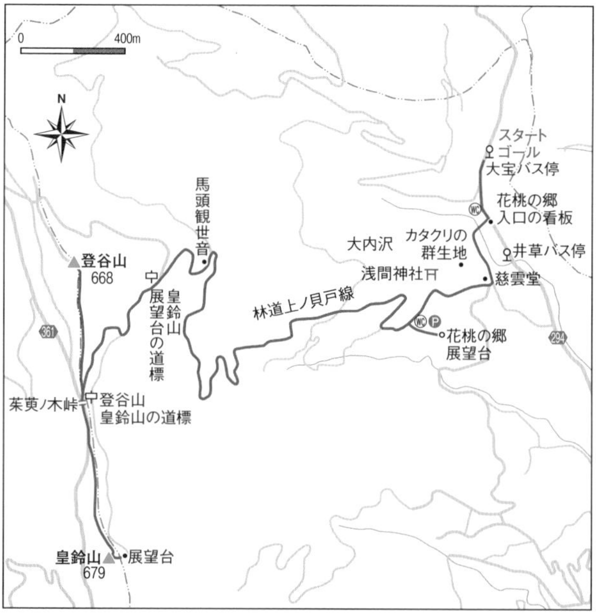

現地情報 **東秩父村産業観光課**　埼玉県秩父郡東秩父村大字御堂634　TEL. 0493-82-1223

寄居・本庄・長瀞・皆野エリア

風布のみかん山を登る　風布は、秋のみかん狩りが人気だが、南斜面の集落は日あたりも眺めもよく、早春や初夏のハイキングもいい。みかん畑の間の道を登っていくと、山の間から遠くに下界が見えた。

☞ 96 ページ「波久礼駅から風布のみかん畑へ」

19

清流の古城に咲く桜とカタクリの花

荒川の玉淀（たまよど）と鉢形城跡を散策

歩行タイム	2時間
季節	春 夏 秋 冬

秩父盆地から長瀞（ながとろ）を流れ下った荒川は、寄居町で山地を抜け、関東平野に出る。その直前、玉淀という景勝地を成す。南岸の城跡は「日本百名城」の鉢形城。春になると、城主の名を愛称にした氏邦（うじくに）桜とカタクリの花が咲き誇る。

鉢形城跡に咲くカタクリ。カタクリは寄居町の花

正喜橋から荒川を眺める。埼玉県の名勝「玉淀」に指定されている美景

東武東上線の荒川橋梁。単線の上路式トラス橋

正喜橋から眺める荒川は絶景

JR 寄居駅から南に 700 メートルほど歩くと荒川にかかる正喜橋がある。橋の上から眺める荒川は、白波を立てて滔々と流れ、一気に流れ下っていく。昭和の高度経済成長期に砂利が採取されたり、玉淀ダムができたりする以前は、玉石の広がる河原を屈曲しながら流れ、今よりもっと美しい風景だったという。大正の作家、田山花袋は、この地で荒川を見た。そして、「長瀞の渓潭が好いとか、三峰に至る間の山水が好いとか言つたとて、何うしてこれとは比較にならうと思はれるほどそれほどその眺めはすぐれてゐた。私は敢て言ふ、東京附近で、これほど雄大な眺めを持つた峡谷は他にはない」と紀行『秩父の山裾』に書いた。

花袋の賛辞は決して誇張でなく、勝景の地だった寄居付近の荒川は、昭和初期、「玉淀」、すなわち美しい淵と命名された。

正喜橋を渡った対岸は、鉢形城跡。戦国時代、小田原を拠点に関東に覇を唱えた北条氏の城だったが、豊臣秀吉の小田原攻めに伴い落城。城跡に城主だった北条氏邦の名を愛称にしたエドヒガンザクラの大木「氏邦桜」がある。氏邦桜が満開のころ、周囲の土塁にカタクリの花が群れ咲く。カタクリは寄居町の町の花で、町内各地の野山で見かけるが、一番手軽に見ることができるのは、鉢形城跡だろう。花好きな人は、春の鉢形城をぜひ訪ねてほしい。

古城の歴史と自然を探訪

玉淀駅からスタートするが、寄居駅で下車して玉淀駅まで歩いても、それほど遠くない。駅前の道標で「玉淀水天宮」方面に歩き出す。荒川の岸に出ると東武東上線の荒川橋梁。

田山花袋の荒川をたたえる漢詩を武者小路実篤が揮毫した碑

城主、北条氏邦の名を取った氏邦桜。株立ちで笠状の美しい樹形

青葉繁れるころの河岸の城跡も気持ちがいい

タイミングがよいと、鉄橋を渡る電車を見ることができる。川岸は風情のある敷石風の道で、玉淀水天宮、宮沢賢治の歌碑を過ぎると、歌舞伎役者七代目松本幸四郎の別邸跡の雀宮(すずめのみや)公園。東屋(あずまや)があり一息つくにはいい場所だ。

川岸をさらに進むと正喜橋。橋を渡る前にもう少し荒川の岸を上流に歩こう。水際に下りると玉淀河原で、対岸の崖の上は鉢形城跡。荒川を堀にした城だったのがわかる。

玉淀碑で引き返して正喜橋を渡り、鉢形城跡を散策する。本丸跡に田山花袋の漢詩を刻んだ碑がある。一行目「襟帯(きんたい)山河好　雄視関八州」の意味は「山が襟(えり)のよう、川が帯(おび)のように巧みに取り巻き、関東

荒川に詳しくなれる川の博物館

川の博物館の荒川大模型。荒川の源流は手前右の甲武信岳の沢

玉淀駅の東隣の鉢形駅から徒歩約20分の場所に通称「かわはく」、埼玉県立川の博物館がある。昔、荒川で使っていた川に浮かべる水車小屋「船車(ふなぐるま)」などの展示も興味深いが、秩父盆地など荒川の流域の山や川を歩くのが好きな人は、屋外にある「荒川大模型」が必見。甲武信(こぶし)岳の源流から河口の東京湾まで1000分の1に縮小した模型で、これまで自分が行った場所を確認できる。鉢形城跡から川の博物館まで歩くと少し遠いので、別の日に出直して見学しよう。博物館近くの荒川にはバーベキューやキャンプができる「かわせみ河原」もあり、夏に納涼がてら出かけるのもいい。

玉淀ダムができる前は上流の波久礼から玉淀河原まで船下りで遊んだという

地方に威勢を張っている」。平安京に遷都した桓武天皇は「この国は山河襟帯、自然に城をなす」として、現在の京都府を山背（やましろ）国から山城国に改名した。山河襟帯は、風光明媚なだけでなく、要害の地をいう。鉢形城は立地の見事な名城だと花袋はほめている。

氏邦桜は曲輪（くるわ）の角に生え、下から眺める形になるため、より大木に見える。周囲の土塁はカタクリの群生地だ。鉢形城跡は広く、春はモクレンの花なども美しい。城跡をあちこち歩いたら正喜橋まで戻って、寄居駅から帰ろう。

立ち寄り施設

鉢形城歴史館　開館時間9時30分～16時30分（入館は16時まで）／月曜（祝日の場合は翌日）・祝日の翌日・年末年始休／一般200円、学生100円／埼玉県大里郡寄居町鉢形2496-2／TEL. 048-586-0315

交通アプローチ

行き／東武東上線「玉淀駅」
帰り／JR八高線・東武東上線・秩父鉄道「寄居駅」

参考タイム

玉淀駅（10分）▶玉淀水天宮（10分）▶正喜橋（15分）▶玉淀碑（15分）▶正喜橋（15分）▶鉢形城の田山花袋詩碑（10分）▶氏邦桜（5分）▶鉢形城歴史館（20分）▶正喜橋（20分）▶寄居駅

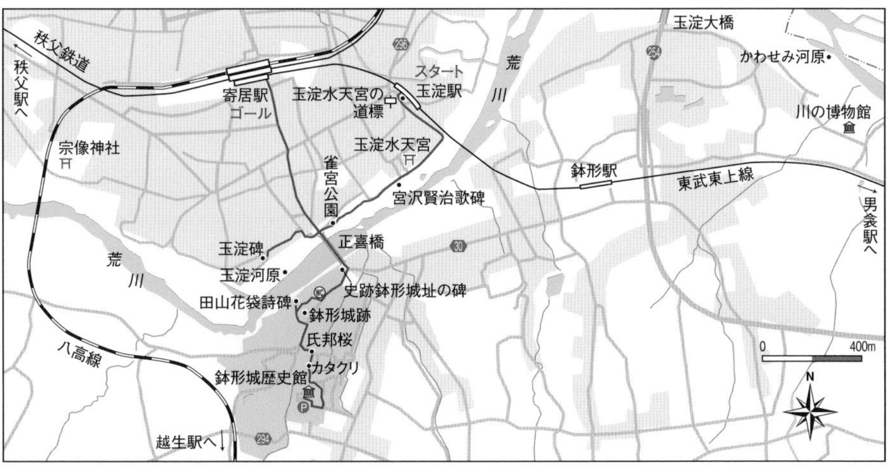

現地情報　**寄居町商工観光課**　埼玉県大里郡寄居町寄居1180-1　TEL. 048-581-2121
寄居町観光協会　埼玉県大里郡寄居町末野2380-1　TEL. 048-581-3012

20

風のみちのハイキングとみかん狩り

波久礼（はぐれ）駅から風布（ふうっぷ）のみかん畑へ

歩行タイム	3時間40分
季節	春 夏 秋 冬

寄居町の山中に風布と書いて「ふうっぷ」と呼ぶ集落がある。初めて地名を聞いたとき、北海道の話をしているのかと思った。みかん畑があり、初夏に白い花が咲き、秋には黄金色の実がなる。みかん狩りハイクに行ってみよう。

姥宮神社の狛犬代わりのカエルの像。背中に子ガエルが乗っている

風布の集落のみかん園に通じる道。ハイキングの帰り、みかん狩りに寄ってみよう

秩父鉄道の波久礼駅で降りると、みかん狩りの看板

みかんが咲き、実る豊かな山里

秩父鉄道の波久礼駅で下車して荒川を渡り、支流の谷をさかのぼる。やがて小さな盆地が開けると、隠れ里のような風布の集落に着く。山の南斜面に農家が散在し、家々の間をみかん畑が埋めている。みかんは温暖な土地の果物のはずで、埼玉県の山中で出くわすと驚くが、周辺には小林や大内沢など、みかんを栽培する集落が、ほかにもいくつかある。

みかん畑は鮮やかな橙色の実がなる秋もいいが、花の咲くころに訪ねると、清涼な香りに心身が包まれて、えも言われぬ気分。5月中旬、風布を歩いたとき、出会った農家の婦人にみかんの白い花を撮らせてもらった。「日あたりがよくていい所ですね」と言うと、「そうでしょ。南向きでないと、みかんは育たないのだから」と話す顔が、とても幸せそうだった。みかんなどの柑橘類は、記紀神話の「常世（とこよ）の国の非時香果（ときじくのかくのみ）」の仲間だ。常世の国は不老長寿の仙境。「ときじくのかくのみ」は「いつも輝く香りのよい実」の意味。みかんの実る里は、恵まれた土地なのだ。風布では、例年10月下旬から12月中旬ころまで、みかん狩りができる。秋晴れの日にハイキングに出かけて、黄金色の実をお土産に持ち帰ろう。

名水の里でもある風布

波久礼駅で下車すると構内にもみかん狩りの看板が立っていて、風布に向かう気分が高まる。

寄居橋で荒川を渡ったら左へ。道なりに進むと金尾の集落を過ぎて、釜伏（かまぶせ）川とも呼ぶ風布川の谷に入っていく。高柿新橋のたもとの「風のみち歩道入口」の看板から、川沿いの土の道を歩

荒川の寄居橋を渡る。玉淀ダムで水をせき止めているため、湖のようだ

風のみちは飛び石が多い。川の水が多くて通れないときは道路を歩こう

5月、風布はみかんの花が咲き、爽やかな香りに満たされる

く。木の茂った暗く狭い谷を進んでいると、『桃花源記』の人物にでもなったようで心細いが、対岸には車道が

日本水の水汲み場。釜伏山の源泉から水を引いているという

通っているので迷う心配はない。後半、飛び石で右岸、左岸と浅瀬を渡る箇所が続き、冒険心をそそる。

風のみちが終わると、風布の鎮守の姥宮神社で、狛犬代わりのカエルの像が興味深い。

手打ちうどんが名物できれいなトイレもある日本の里風布館に寄ってもよ

立ち寄り施設

日本の里風布館　開館時間9時〜17時／水曜・年末年始・冬季休／埼玉県大里郡寄居町風布74／TEL. 048-581-5341

秩父事件で最初に決起した風布村

みかん山に秩父事件の顕彰碑と追念碑がある

美しい風布の里も常に理想郷だったわけではない。歴史に関心がある人は、日本水の水汲み場に向かう前か、下山する前、森田園の近くに立つ「聖観世音菩薩」の道標に従って、道を進んでみよう。小高い場所に観音像があり、その脇に「秩父事件」の碑が立っている。

明治17（1884）年11月1日、秩父地方の農民が蜂起する秩父事件が起きた。秩父郡の東端、風布村の人々は、下吉田の椋神社の集合に間に合うよう、他村に先駆けて10月31日に行動を起こした。秩父事件を概観するには本よりも映像の方がわかりやすい。2004年の映画『草の乱』（神山征二郎監督）は、おすすめだ。

交通アプローチ
行き／秩父鉄道「波久礼駅」
帰り／秩父鉄道「波久礼駅」

参考タイム
波久礼駅(5分) ► 寄居橋(15分) ► 風のみち歩道入口(50分) ► 姥宮神社(10分) ► 寄居町生涯学舎やまとぴあ風布(25分) ► 秩父事件の碑(25分) ► 日本水の水汲み場(30分) ► 寄居町生涯学舎やまとぴあ風布(60分) ► 波久礼駅

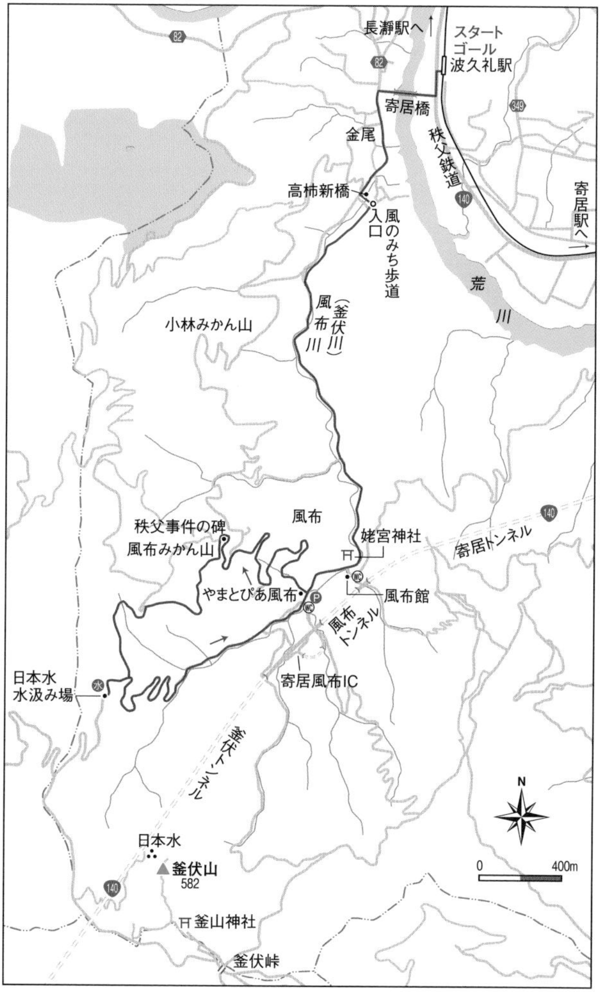

いし、道路をそのまま進んでもよい。広い駐車場に至ったら、向かいの小学校の分校跡を生涯学習施設にした「やまとぴあ風布」脇の道を上る。

道なりに進むと、やまき園、つる園などいくつものみかん園がある。荷物になるので、みかん狩りは下山時にすることにして、さらに上る。眼下に風布の谷が広がり、よい眺めだ。天持園（てんじ）の看板を過ぎてさらに歩くと、日本水（やまとみず）の水汲み場がある。環境省の「名水百選」の一つで、汲みに来る人が絶えない。さらに進むと、オオカミの狛犬がある釜山神社だが、みかん狩りが目的なら、水汲み場で引き返そう。

下る道すがら、みかん狩りのできる農園を探そう。だが、実のなり具合はその年の天候などに左右される。みかん狩りができたらうれしい、幸運ぐらいの気持ちで聞いて回ろう。

現地情報
寄居町商工観光課　埼玉県大里郡寄居町寄居 1180-1　TEL. 048-581-2121
寄居町観光協会　埼玉県大里郡寄居町末野 2380-1　TEL. 048-581-3012

21

遠出のお花見ハイキングにおすすめ
こだま千本桜と高窓（たかまど）の里

歩行タイム	2時間40分
季節	春 夏 秋 冬

埼玉県北西部、本庄市児玉町の「こだま千本桜」は、行けども行けども桜の堤が続く花見の名所。その南の小平地区は、明治期に養蚕を営んだ古民家が集まっている「高窓の里」。珍しいさざえ堂の観音堂も春は桜の花に包まれる。

児玉町小平の高窓のある古民家

桜の堤が果てしなく続いているかのような「こだま千本桜」。河川敷の道は歩きやすい

JR 八高線は便数が多くないため、歩き出す前に帰りの便を確認

競進社模範蚕室にも換気のための高窓がある

日本三大さざえ堂の内部は必見

秩父を取り巻く山裾の里も本庄市児玉町の小平地区周辺になると、上州側に平野が開け、空は広く、秩父盆地とは雰囲気がずいぶん異なる。すぐ南の山の峠を越えれば、渓谷の長瀞町だとは思えないほど、開放感あふれる風景だ。

小平には「日本三大さざえ堂」の一つ成身院（じょうしん）百体観音堂がある。さざえ堂は内部が螺旋（らせん）状になっている珍しい建物で、三十三観音像などを安置した観音堂に時折見られる建築様式。福島県会津若松市の旧正宗寺三匝（さんそう）堂などは、外観もねじれて巻貝のようだ。成身院の百体観音堂は、一見ふつうの建物だが、内部は回りながら上り下りする構造になっている。

小平は「高窓の里」の別名を持つ。明治のころ養蚕を営んでいた農家は、換気のため、屋根の大棟の上に「越屋根」という小さな屋根を設けた。それを北関東では「高窓」と呼び、養蚕が盛んだった小平には、高窓のある古民家が何軒も残っている。

小平の北を流れる小山川の堤には、両岸5キロに約1100本の桜が植えられており、「こだま千本桜」と称している。川の北の児玉町の市街地には雉岡（きじおか）城跡があり、やはり桜の名所。春の児玉町は、里も河畔も古城も桜の花でいっぱいだ。

どこまでも行きたくなる桜の堤

児玉駅前の案内地図で「こだま千本桜」の位置を確認してから歩き出そう。基本は南に行けばよいのだが、駅の西に蚕の飼育を指導した「競進社模範蚕室（きょうしんしゃもはんさんしつ）」という建物があるので、高窓の里を訪ねる前に見学しておきたい。明治の児玉町が、日本の蚕業の発展に寄与した先進的な土地だったことがよくわかる。

畑で働く人に挨拶して、高窓の里を散策しよう

雉岡城跡も桜の名所。戦国時代は北条氏の城だった

小山川の十二天橋に着くと、上流も下流も見渡す限り桜の堤が続く。満開のころは、それは見事な光景だ。

百体観音堂の内部は「さざえ堂」の様式になっている

河川敷の道は歩きやすく見通しもよい。上流に向かって進み、秋平橋を渡る。橋の親柱に「身馴川（みなれ）」と記してあるのは、昔、小山川のこの辺りをそう呼んだためだ。道なりに進むと、庚申塔の前で道が二つに分かれ

立ち寄り施設

成身院百体観音堂（さざえ堂） 内部拝観時間 10 時～ 16 時／拝観料 300 円／埼玉県本庄市児玉町小平 653 ／ TEL. 0495-72-6742　本庄市観光農業センター（木曜･木曜が祝日の場合は翌日･年末年始休）

ヘレン・ケラーが尊敬した塙 保己一（はなわ ほきいち）

盲目の国文学者、塙保己一の業績を紹介する記念館

塙保己一は、江戸時代の国文学者。現在の児玉町で生まれ、7 歳のとき失明。鍼（はり）や音曲の修行のため、江戸で検校（けんぎょう）に弟子入りしたが、向学心を認められ、国文学を学ぶ。そして、30 代で日本の古書を集大成する叢書（そうしょ）の編纂（へんさん）を決意。40 年を費やして『群書類従（ぐんしょるいじゅう）』正編 530 巻 666 冊を完成させた。それは「頭の中に図書館があったのではないか」と思わせるような偉業だ。

記念館の展示に「奇跡の人」と称される米国人ヘレン・ケラーが来日したときの写真があり、「母から塙先生をお手本にしなさいと励まされて育った」と記されている。偉業は海を越えて、世の中によい影響を与えるようだ。

交通アプローチ
行き／JR八高線「児玉駅」
帰り／JR八高線「児玉駅」

参考タイム
児玉駅（20分）►十二天橋（15分）►秋平橋（25分）►成身院仁王門（10分）►観光農業センター（5分）►成身院百体観音堂（30分）►秋平橋（25分）►塙保己一記念館（10分）►雉岡城跡（20分）►児玉駅

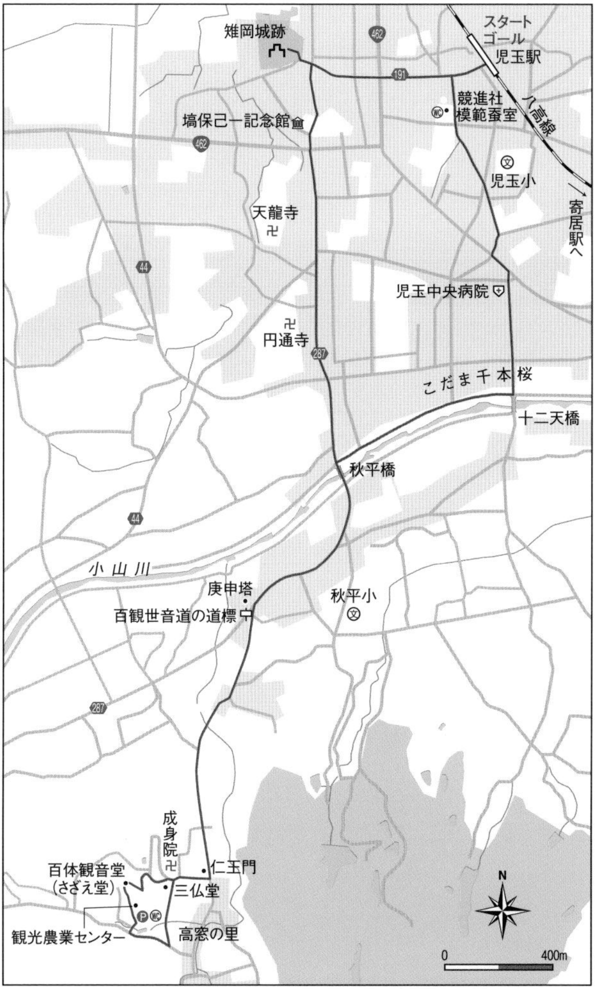

るので、左の「百観世音道」を行く。

進むにつれて、里山らしい風景になっていく。春は路傍につくしが生え、畑の畦にスミレやホトケノザが咲く。小山川の千本桜の華やかさは気分を高揚させるが、野に咲く小さな草花には気を落ち着かせてくれるよさがある。やがてネギ畑などの向こうに高窓を持つ家々が見えてくる。高窓の里だ。

成身院の仁王門があり、奥に三仏堂が立っている。さざえ堂の百体観音堂は、もう少し小高い場所にある。内部の拝観には観光農業センターで拝観料を納める必要があるため、同センターに立ち寄ろう。

帰路は、秋平橋まで戻ったら北に進み、塙保己一記念館や雉岡城跡を見学してから、児玉駅に戻ろう。もちろん、こだま千本桜の堤をもう一度歩いて駅に向かってもかまわない。

現地情報 本庄市観光協会児玉支部　埼玉県本庄市児玉町八幡山368　TEL. 0495-72-1331

22

早春の花から秋の紅葉まで絶景の山水
宝登山(ほど)と長瀞(ながとろ)をハイキング

歩行タイム	3時間20分
季節	春 夏 秋 冬

宝登山のロウバイや福寿草の開花の便りは、花を見に出かけたくてうずうずしていた首都圏のハイカーに、春の到来を告げる。長瀞は誰もが知る景勝地。若葉、青葉、紅葉を愛でながら、岩畳から渓谷に沿って上長瀞まで歩こう。

宝登山の梅の木の根元に咲く福寿草

宝登山から秩父盆地を望む。左手前は美の山公園のある蓑山、右奥は武甲山

国道に面して立つ寶登山神社の大鳥居。右の山が宝登山

奥宮の精悍な面構えをしたオオカミの狛犬

秩父路の春は、宝登山に始まる

長瀞の北岸にそびえる宝登山は標高 497 メートルの低山。ロープウェイもあるが、麓から歩いても割と簡単に上ることができる。しかも山頂からの展望は素晴らしい。低くてもほかの山から離れてそびえているため、山陰になることがなく、日あたりがよい。冬の寒さ厳しい秩父にありながら、早春から山頂直下で、ロウバイ、福寿草、梅の花と、次々に咲き、秩父で最も早く春のハイキングを楽しめる。

木々の葉がまだ芽吹いていない早春は、山頂からの眺めがよく、ロウバイや梅の花の彼方に武甲山はもとより、三宝山（さんぼう）、甲武信岳（こぶし）など奥秩父の高い山々が眼前に並ぶ。鋸（のこぎり）の歯のような峰を連ねた目立つ山は両神山（りょうかみ）だ。宝登山は春の花の盛りでも、秩父の盆地を取り巻く山々は谷に雪が残り、まだ寒々としている。

宝登山の東麓の長瀞は、秩父随一の景勝地。いつ訪れても水の流れと岩の織り成す景色は壮観だ。しかし、冬から早春のころは川面を吹く風が冷たく、岸辺で長居はできない。やはり水辺のハイキングは、新緑の初夏から紅葉の秋までが快適だ。

宝登山と長瀞は、季節を変えて何度も繰り返し訪れるとよい。そして、波にもまれて水しぶきを浴びるライン下りや、汽笛を鳴らして走る SL への乗車といった体験も含めて計画を立てると、思い出深いハイキングになるだろう。

まずは登山、そのあと渓谷散策

長瀞駅前から山の方に向かう道は、国道を渡り、大鳥居をくぐり、そのまま寶登（ほど）山神社の参道になる。寶登山神社は社殿の彫刻の絢爛（けんらん）さに目を奪われ、参拝で満足して石段を下り

早春の宝登山の山頂。広葉樹の芽吹きはこれからだ

てしまいそうになるが、社殿の裏に回り、「日本武尊みそぎの泉」を見ておこう。

長瀞の岩畳の上から下流の眺めは、いつ見ても感動する

上長瀞の虎岩の前を行くライン下りの和船

寶登山神社からは奥宮参道で宝登山の山頂を目指す。「関東ふれあいの道」でもあり、よく整備されていて歩きやすい。

山頂が近づいたら、レストハウスからそのまま奥宮に向かわず、ロープウェイの山頂駅前に行ってみよう。展望台や案内図がある。

山頂駅前からは梅園やロウバイ園を経て、奥宮に上る。奥宮のやせた体に精悍な顔をした狛犬は必見。オオカミや山犬を神の眷属（けんぞく）、神の使い

日本武尊（やまとたけるのみこと）の伝承の地を見渡す山

日本武尊がみそぎを行ったと伝える寶登山神社の玉の泉

秩父には、古代の英雄、日本武尊が東征のとき訪れた伝承が多い。例えば、武甲山の名は尊が武具を納めたためという。両神山の名は、一説には尊が８日間この山を見て通ったため、「八日見山」と呼んだことから転じたという。三峰山の三峯神社の縁起は、尊が甲斐国から雁坂峠（かりさか）を越えて来て、伊弉諾尊（いざなぎのみこと）と伊弉冉尊（いざなみのみこと）をまつったことに始まる。寶登山神社は、尊が山火事に遭ったが、巨犬が現れて火を鎮めたと伝え、登山前にみそぎをした泉まである。

宝登山の頂からは、武甲山、両神山、三峰山、雁坂峠など、伝承の舞台が一望のもと。実際にあった出来事なのか、空想の翼の広がる風景だ。

とする秩父や奥多摩地方の神社ならではの狛犬だ。奥宮から山頂は近い。夏は木の葉が茂るが、早春の展望は絶景だ。

下山は来た道を下る。長瀞駅前まで戻ったら、今度は荒川の方へ。踏切を渡り、懐かしい雰囲気の土産店の間を抜けると川岸で、河原はライン下りの乗り場。右手の舞台のような大きな岩場は、長瀞最大の名所、岩畳。対岸の断崖は秩父赤壁。

岩畳の上から山河を眺めて長瀞駅に戻ってもよいが、上長瀞の自然の博物館の手前まで遊歩道がある。川岸の道は岩がちだ。登山で足が疲れていたら無理をせず、上長瀞駅まで歩くかどうかは体調をみて決めよう。

立ち寄り施設

自然の博物館　開館時間9時～16時30分（入館は16時まで。7～8月は17時、入館は16時30分まで）／月曜（祝日・振替休日・7～8月は開館）・年末年始休／一般200円、高校・大学生100円／埼玉県秩父郡長瀞町長瀞1417-1／TEL. 0494-66-0404

交通アプローチ

行き／秩父鉄道「長瀞駅」
帰り／秩父鉄道「上長瀞駅」

参考タイム

長瀞駅（15分）►寶登山神社（60分）►宝登山ロープウェイ宝登山頂駅（12分）►寶登山神社奥宮（3分）►宝登山山頂（50分）►寶登山神社（25分）►長瀞岩畳（25分）►自然の博物館（10分）►上長瀞駅

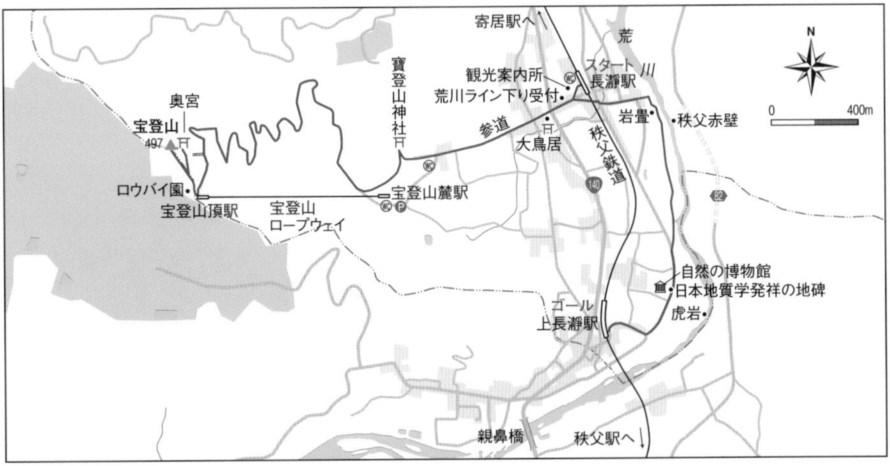

現地情報　長瀞町観光協会　埼玉県秩父郡長瀞町長瀞529-1　TEL. 0494-66-3311

23

美（み）の山は、名にし負う花と展望の山

親鼻駅から美の山公園へ

歩行タイム	3時間
季節	春 夏 秋 冬

春から初夏にかけて、美の山公園はソメイヨシノ、ヤマザクラ、ヤマツツジ、アジサイと、花盛りが続く。なかでもヤマツツジの花で赤く染まった林の道は、圧倒されるほどの美しさ。麓には秩父の歴史を伝える和銅（わどう）遺跡もある。

和銅遺跡には「和同開珎」を模した「日本通貨発祥の地」の碑がある

パノラマデッキまで来れば、「登ってよかった」ときっと思う。中央奥の山は両神山

4月下旬、ヤマツツジの咲く美の山公園の道

ヤマツツジの開花期は山が燃えるよう

美の山公園は、皆野(みなの)町と秩父市にまたがる蓑山(みの)にある広い公園。蓑山は秩父盆地を囲む山々から離れて盆地の中に位置しているため、山上からの眺めがよい。山中に複数ある展望台をめぐると、南には秩父盆地と武甲山、西には両神山や二子山、北は遥かに赤城山や男体山。東側の山並みは近く、釜伏山から大霧山までの山々が指呼(しこ)の間(かん)だ。展望台には山名表示板が設置されているので、実景と見比べて、次に歩きに行ってみたい山を見つけよう。

美の山公園は、桜やヤマツツジの名所としても知られている。公園の名は、景色や花の美しさを指すため「蓑」の字を変えたのだろう。蓑山の地名起源には、知知夫彦命(ちちぶひこのみこと)が蓑をかけたという伝説もあるが、こんもりとした山容に由来するのかもしれない。昔は箕山と書き、「金山(かなやま)」や「和銅山」とも呼んだという。それらの呼び名は、古代にこの山で、自然銅の「和銅(にぎあかがね)」が見つかり、朝廷に献上し、和銅に改元されたことによる。美の山公園から和銅黒谷駅に下る途中の沢には、銅を採掘した遺跡がある。

上るにつれて、道は歩きやすくなる

親鼻駅で下車して国道140号沿いに出て、「美の山公園」の道標に従い、里から山に入っていく。美の山公園までは「関東ふれあいの道」で、要所ごとに道標があり、安心だ。

美の山公園への道は山裾の方が、草木が茂り、湿って滑りやすく苦労する。車道を過ぎて、さらに山道を進む。上るに従って林は明るくなり、道の傾斜も緩やかで歩きやすくなる。見晴らし園地からは整備された道だ。パノラマデッキは展望もよく、ベン

山頂近くなると道の上の空が開け、
足取りも軽い

お弁当を食べる人たちに人気の時計塔の広場

方位盤や山名表示板がある山頂展望台。三角の山は武甲山

チもあるので一休みしよう。ここから山頂の展望台までは、快適な遊歩道。花咲く季節には寄り道して、桜やツツジの園地をめぐりたい。

山頂には展望台や山頂標識がある。弁当を広げるのには、テーブルのある時計塔の広場が向いている。

下山は山頂展望台の下の「和銅黒谷駅」の道標が立つ道を下る。麓が近づくと「和銅遺跡」の標識があるので行ってみよう。和銅発見の歴史に興味がわいたら、和銅ゆかりの聖（ひじり）神社にも寄ろう。

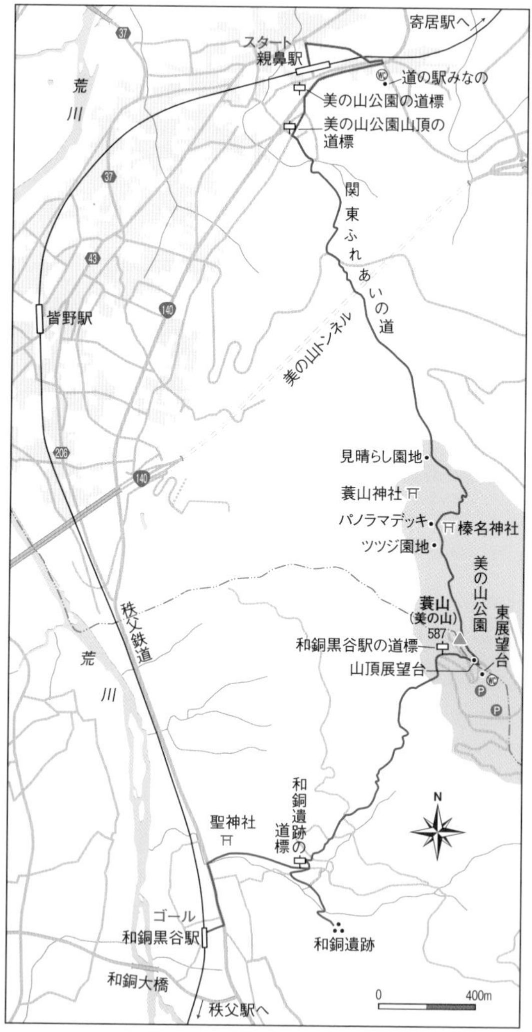

交通アプローチ

行き／秩父鉄道「親鼻駅」
帰り／秩父鉄道「和銅黒谷駅」

参考タイム

親鼻駅（15分）►国道140号沿いの「美の山公園」道標（25分）►車道（45分）►パノラマデッキ（30分）►山頂展望台（45分）►和銅遺跡（10分）►聖神社（10分）►和銅黒谷駅

現地情報 皆野町観光協会　埼玉県秩父郡皆野町皆野1420-1　TEL. 0494-62-1462

横瀬・秩父・小鹿野エリア

羊山公園、芝桜の丘のチューリップ　芝桜の丘は、もちろん芝桜の花が主役だが、一隅を照らすように咲くチューリップもきれい。春の秩父は、桜、ツツジ、ポピーなど、花の名所が目白押し。楽しみは尽きない。

☞ 124ページ「羊山公園と琴平丘陵」

24

果樹農園の集落から絶景の山頂へ
芦ヶ久保駅から日向山(ひなた)に登る

歩行タイム	2時間50分
季節	春 夏 秋 冬

横瀬町の日向山の南斜面は、果樹農家が集まって、「あしがくぼ果樹公園村」と称している。日向山の山頂に登って景色を楽しんだあとは、果樹農園を訪ね、春はイチゴ摘み、秋はブドウ狩りを楽しんで、土産を持って家に帰ろう。

日向山の山頂から一番近い琴平農園のイチゴ

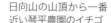

日向山の稜線を目指して、山の花道を上る。行く手の青空に白い雲が浮かぶ

芦ヶ久保は横瀬川の流れる清流の里でもある

道の駅果樹公園あしがくぼは、農産物直売所もトイレもあって便利

果物狩りも楽しむハイキング

飯能方面から秩父盆地に向かう人にとって、横瀬町の芦ヶ久保は秩父の玄関。西武秩父線の芦ヶ久保駅に隣接する「道の駅果樹公園あしがくぼ」は、いつも活気がある。人が大勢いる方が安心なのか、春になると軒にツバメが巣を作ってさえずり、さらににぎやかだ。

道の駅の名称に「果樹公園」と付いているように、芦ヶ久保は果樹農園が集まる果物の産地。日向山の南斜面は一年を通して日あたりがよく、冬から春はイチゴ、夏はプラム、夏の終わりから秋はブドウの収穫を体験できる。

日向山は上るにしたがって、秩父のシンボル武甲山が大きく見えてくる。山のかなり上の方まで果樹農園が点在し、集落を通る道も山の中の道もよく整備されていて歩きやすい。斜面を上り下りすることになるのだが、集落歩きが主なためか、身も心も軽く、気分は登山というよりもハイキング。もし、春に訪れたら、下山の途中、どこかの農園でイチゴ狩りを楽しもう。摘みたてのイチゴはとてもおいしい。

武甲山と横瀬の谷を見渡す山頂

芦ヶ久保駅から道の駅に下り、横瀬川の橋を渡る。左手に観光案内所があるので、果樹公園村の地図をもらってから歩き出すとよい。

橋のたもとの横断歩道で国道299号を渡ったら東に歩き、最初の道を山側に入る。すぐに二股になっているので左の道を進み、茂林(もりん)寺を右に見ながら坂を上る。日向山の山頂まで、ずっと上りが続く。途中、分岐ごとに道標が立っているが、「日向山」の表示は、山の花道の入口まで出てこないため、「農村公園」や「山の花道」の道標を目安に進む。休憩舎があり、さらに上ると農村公園の入口があるが、公園には入らず、車道を行く方が近道になる。

芦ヶ久保の集落を上る。南斜面で日あたりのよい明るい道

春の芦ヶ久保ハイキングの楽しみの一つは、いちご狩り

農村公園の上のトイレを過ぎて、さらに進むと、右手に「日向山」の道標があり、キウイ棚をくぐる小道があるので、その道を行く。上るに従って視界が開け、背後の林の上に武甲山が見えてくる。

車道まで上ると「山の花道」の地図の下に「日向山山頂」の道標がある。ここから稜線まで真っすぐのびている坂道は気持ちがいい。坂の上の空に輝く一朶の白い雲を目指して上っていく気分とは、こういうものかなと思わせるような道だ。

日向山の山頂には展望台がある。武甲山がよく見える

稜線まで上がれば、林を抜けて山頂。展望台から横瀬川の谷や秩父の山々が見渡せ、右手には大きな三角形の武甲山。正面の二子山の麓には、

立ち寄り施設

道の駅果樹公園あしがくぼ 農産物直売所　営業時間９時～17時（季節により異なる）／年末年始休／埼玉県秩父郡横瀬町芦ヶ久保 1915-6 ／ TEL. 0494-21-0299

武甲山は秩父の産業発展の象徴

芦ヶ久保の集落から望む武甲山

武甲山は秩父盆地だけでなく、武蔵野からも場所によってはよく目立つ山だ。しかし、近代、特に高度経済成長期以降、石灰石の大量採掘によって山の形が大きく変わってしまった。昔の写真を見ると重厚感あふれる山容だが、今は山頂が削られて尖り、ベンチカットという採掘方法によって山肌に階段状の横縞ができている。驚くことに、採掘した石灰石は約 23 キロ離れた日高市のセメント工場まで地下のベルトコンベアで運ばれる。その仕組みを知ると、武甲山は既に自然の山ではなく、巨大なプラントのように思えてくる。秩父の名山は、今後、どのような姿になっていくのだろうか。

芦ヶ久保駅を発着する列車や道の駅の車がジオラマのように見える。

山頂からは西に進み、道なりに琴(こと)平(ひら)神社に下りる。車道に出たら東に進み、「芦ヶ久保駅」の道標に従って車道を下山する。農村公園まで下ると道が三つに分かれる。右が上ってきた道だが、別の道を進むと、行きとは違う風景を見ることができる。どの道を下っても茂林寺に着くので、のんびり歩いて、駅に戻ろう。

交通アプローチ
行き／西武秩父線「芦ヶ久保駅」
帰り／西武秩父線「芦ヶ久保駅」

参考タイム
芦ヶ久保駅（5分）►道の駅果樹公園あしがくぼ（5分）►茂林寺（40分）►キウイ棚の日向山の道標（10分）►山の花道（20分）►日向山山頂（20分）►琴平神社（20分）►三つ又の道（40分）►茂林寺（5分）►道の駅果樹公園あしがくぼ（5分）►芦ヶ久保駅

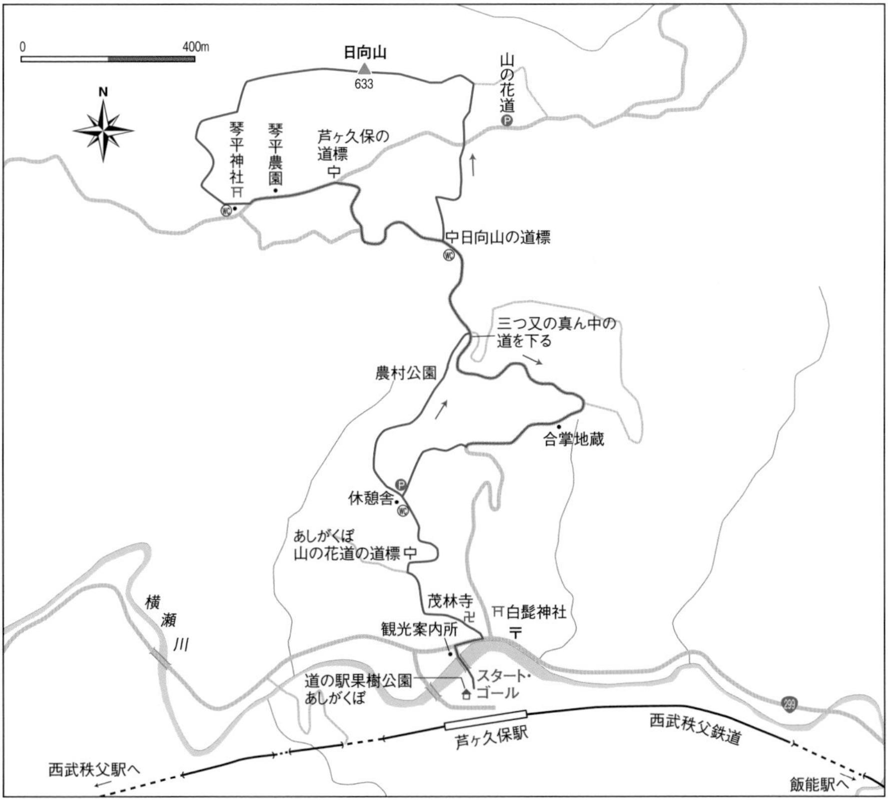

現地情報 横瀬町ブコーさん観光案内所　埼玉県秩父郡横瀬町芦ヶ久保159　TEL. 0494-25-0450

25

秩父三十四所観音霊場を歩いてみよう
秩父札所１番から５番まで

歩行タイム	2時間45分
季節	春 夏 秋 冬

白装束に菅笠の巡礼は、秩父路の春の風物詩。ハイキングや観光気分で入った寺の境内で、白衣や笈摺(おいずる)の背に「南無観世音菩薩(なむかんぜおんぼさつ)」と記した人が観音堂の前に立ち、経を唱えている姿を見ると、こちらまで心が洗われるようだ。

秩父の札所でよく見かける小坊主看板

4番金昌寺は境内の石仏群で知られる寺。石仏に導かれるように観音堂に進む

札所１番四萬部寺。朝の境内は清々しく、歩き出す意欲がわく

真福寺の堂の向拝に貼られた千社札。昔の人の信仰心の表れだ

34 ある札所をめぐる手始めに

秩父札所めぐりの道は、秩父路の自然や歴史に触れるのに格好のハイキングルート。元来、札所めぐりは、寺の境内や山野に立つ観音堂を参拝して歩く信仰の道だ。仏教では観音菩薩は、私たちを悩みや苦しみから救い、願いをかなえてくれる存在。「観音に帰依（きえ）し、真剣に参拝している巡礼がいるなか、ただ歩いて楽しいという理由で、信仰心もなく寺や堂を訪ねて回っていいのか」と言われそうだが、秩父で札所の寺の方に聞くと「ご自分の都合のよいように参詣すれば、よろしい。どの寺から参ってもよい。順番に回らなくてもかまわない」と言ってくださる。その言葉に甘えて、私は何度秩父に来ても、好みに合っている寺や堂だけを繰り返し訪ねてしまう。なかでも１番から５番と、19 番から 23 番の札所めぐりは、お気に入りのルートだ。もちろん、これら以外にも風情のある寺や由緒ある堂はたくさんあり、琴平丘陵、橋立鍾乳洞、般若の里を歩くコースで紹介している。

秩父の札所は、西国や坂東の三十三所に比べて範囲が狭く、徒歩でも数日で回ることができる。おすすめの二つのルートを試しに歩いてみて、気に入ったら 34 ある札所をいろいろと訪ねてみてはいかがだろう。

発願（ほつがん）の寺から石仏で有名な寺へ

１番四萬部（しまぶ）寺は、秩父札所めぐり発願の寺。「札所一番」と記したバス停で下車して山門をくぐると、巡礼では

常泉寺の境内の休憩所。急な雨や日差しの強いときは特にありがたい

金昌寺の子育て観音像は、江戸時代の作とは思えない豊かな造形美

ない者でも気が引き締まる。観音堂に参拝したあとは、納経所で秩父札所巡礼用の「納経帳」を購入し、ご朱印をいただいてから２番札所に向かうと、今後、秩父を歩く励みになっていいかもしれない。

２番札所の真福(しんぷく)寺は里から離れた山中にあり、いきなり遠い道のりを歩くことになるが、後半の３番から５番までは割と近くにあるのでくじけず歩き出そう。札所めぐりの人が使う「巡礼道」は、里の道だけでなく、山道を行くところもあるが、道標が要所ごとにあり、迷う心配はあまりない。不安を感じた場合はためらうことなく、通りかかった地元の人に次の札所までの道を聞こう。

２番真福寺は無人のため、ご朱印をいただく納経所は、里の光明寺になる。光明寺からは横瀬川を渡って３番常泉(じょうせん)寺。正面は本堂で、観音堂は休憩所の奥。寺ではどちらの堂にも合掌礼拝しよう。秩父の札所は休憩所やトイレが整っていて便利だ。

４番金昌(きんしょう)寺は境内に千体を超える古い石仏があり、古来、塵外(じんがい)とたたえ

観音札所めぐりでは珍しい34か所

四萬部寺のご朱印。一緒にいただいた札所案内の地図は重宝した

観音巡礼の霊場は、西国も坂東も33か所だ。33という数は仏教の経典に由来する。最も重要な経典『法華経』の中に『観世音菩薩普門品(ふもんぼん)』、略して『観音経』がある。観音菩薩は広大無辺な慈悲を持ち、どれほど多くの衆生(しゅじょう)がいようとも、苦悩しているとき一心に観音菩薩の名を称えれば、その声を聴いて助け、願いをかなえてくれるという。観音菩薩は衆生を救済するにあたり、33種の異なった姿をして現れる。そこから観音霊場は33か所になったようだ。秩父の札所も当初は33か所だったが、江戸時代の初めころ、西国、坂東と合わせて百観音にするため、真福寺を加えて34か所になった。

5番語歌堂から10番大慈寺までの札所は秩父郡横瀬町にある

られた。石仏群のなかでも「子育て観音」や「慈母観音」と呼ばれる子を抱く石像は優美で人気がある。

金昌寺を出たら南に歩いて5番語歌堂（ごかどう）へ。納経所は堂の東の長興寺。「6番まで歩けそう」と思っても無理は禁物。日を改めることにして、語歌橋のバス停から西武秩父駅に戻ろう。

立ち寄り施設

秩父札所 1番四萬部寺 埼玉県秩父市栃谷418 TEL.0494-22-4525／**2番真福寺** 埼玉県秩父市山田3095 TEL.0494-22-1832（納経所：光明寺）／**3番常泉寺** 埼玉県秩父市山田1392 TEL.0494-23-2050／**4番金昌寺** 埼玉県秩父市山田1803 TEL.0494-23-1758／**5番語歌堂** 埼玉県秩父郡横瀬町横瀬6086 TEL.0494-23-4701（納経所：長興寺）／納経時間8時～17時（11月～2月は16時）、昼休憩12時～12時30分／納経帳の書き入れ朱印300円

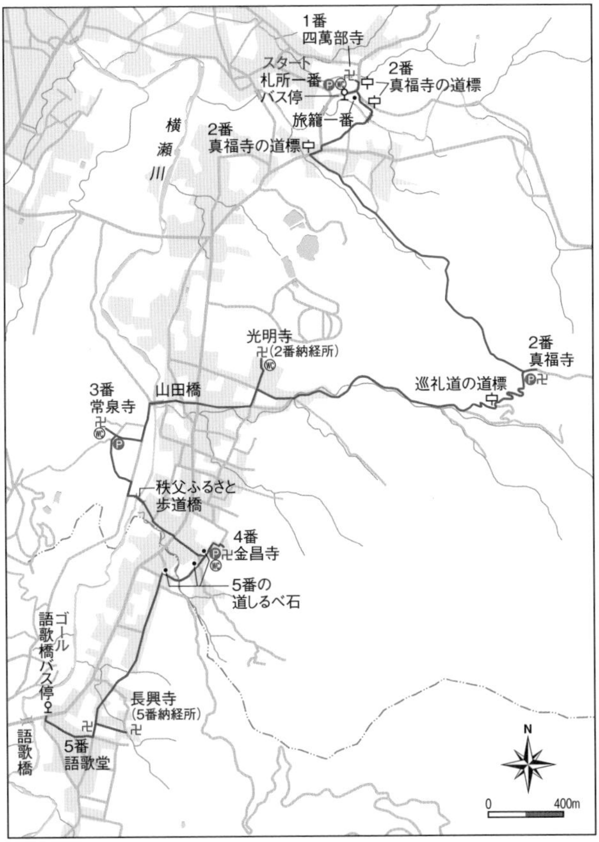

交通アプローチ

行き／西武秩父線「西武秩父駅」から西武観光バス「札所一番バス停」下車
帰り／西部観光バス「語歌橋バス停」から西武秩父線「西武秩父駅」

参考タイム

札所一番バス停（2分）►1番四萬部寺（45分）►2番真福寺（35分）►光明寺（25分）►3番常泉寺（20分）►4番金昌寺（25分）►5番語歌堂（3分）►長興寺（10分）►語歌橋バス停

現地情報
秩父観光協会 埼玉県秩父市野坂町1-16-15 TEL.0494-21-2277
秩父札所連合会 埼玉県秩父市野坂町1-16-15 TEL.0494-25-1170

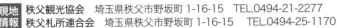

26

愛らしい仁王、峠の石仏、見どころ多い巡礼道
秩父札所19番から23番まで

歩行タイム	2時間40分
季節	春 夏 秋 冬

荒川を渡り、秩父盆地を横断して、丘陵に上がる巡礼道。古色蒼然とした岩之上（いわのうえ）堂、素朴で愛敬ある容貌の仁王像が迎える童子（どうじ）堂、秩父の歴史をしのばせる音楽寺など特徴のある札所が多く、変化に富んだ古刹めぐりを楽しめる。

威圧感が全くなく、思わず微笑みたくなる童子堂の仁王像

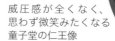

小鹿坂峠の地蔵は、金昌寺の子育て観音、童子堂入口の大地蔵とともに秩父路を代表する石仏

19番龍石寺から荒川を渡り、20番岩之上堂に向かう

荒川を渡って小鹿坂（おがさか）峠まで歩く

秩父札所19番龍石（りゅうせき）寺から23番音楽寺までの道は、荒川を右岸から左岸に渡り、長尾根とも呼ぶ尾田蒔（おだまき）丘陵の小鹿坂峠まで上る。秩父盆地の中央部を横断するルートで、音楽寺の辺りからは、荒川の対岸にそびえる武甲山や秩父市街地を一望することができる。

立ち寄る堂や寺は、秩父札所の中でも屈指の立派さの建築と評される20番岩之上堂、子どもっぽい愛敬ある顔立ちの仁王像が人気の22番童子堂、その名から音楽家の参詣が絶えない23番音楽寺などで魅力的な札所が続く。

音楽寺の裏山の小鹿坂峠は、今は石地蔵が並ぶだけの静かな場所だが、昔は秩父第一の繁栄の地である大宮郷（現在の秩父市中心街）と、それに次ぐ繁栄の地、小鹿野（現在の秩父郡小鹿野町）や下吉田（現在の秩父市下吉田）を結ぶ峠で、重要な道だった。明治の秩父事件のときは、下吉田の椋（むく）神社を出発した農民たちは、この峠を越え、音楽寺の鐘を鳴らし、大宮郷に進撃したと伝えられている。

童子堂、音楽寺など個性的な札所

18番までは別の日に歩くとして、大野原駅から19番龍石寺に向かう。参拝後、寺の裏に回ると岩盤の上に境内があることがわかる。

旧秩父橋で荒川を渡り、「迂回路」の道標に従って20番岩之上堂へ。趣のある堂だ。中に入ると、くくり猿や花を下げた天蓋が美しい。

岩之上堂からは21番観音寺に参り、県道72号を南西に進む。20分ほど歩くと、左側に台座の柱に「二十二番入口」と刻んだ大きな地蔵がある。その道を入ると、童子堂の茅葺の山門が見える。稚拙美とも呼べそうな優しい表情の阿吽（あうん）の仁王が有名なので見ておこう。

23番音楽寺へは斜面を上るのだが、歩きやすい道で、それほど苦に

岩之上堂は秩父札所の中でも霊験あらたかと信じられてきた

岩之上堂の内部。奉納された美しい天蓋が飾られている

童子堂の入口の目印は蓮華座に坐した大きな地蔵。背後は武甲山

はならないだろう。

音楽寺は山号を松風山という。丘の上にあり、吹く風が心地よく、巡礼が札所をたたえて歌うこの寺の御詠歌(ごえいか)は「音楽のみ声なりけり小鹿坂の調べに通う峰の松風」。小鹿坂は、裏山にある峠の名で、鐘楼脇の「十三権者(ごんじゃ)の石仏」の道標の立つ道をたどると5分ほどで着く。埼玉県のまりつき歌「とう坂、みま坂、小鹿坂峠にきつねが寝ていて、鉄砲に撃たれて、痛かったんべえ」の小鹿坂峠は、ここのことだという。峠には秩父札所を開設した13人にちなむとされる石地蔵が並んでいる。

音楽寺のあとは、丘陵を歩いて下りて、秩父公園橋で荒川を渡り、真っす

立ち寄り施設

秩父札所 19番龍石寺 埼玉県秩父市大畑町15-31 TEL.0494-23-7758／**20番岩之上堂** 埼玉県秩父市寺尾2169 TEL.0494-23-9419／**21番観音寺** 埼玉県秩父市寺尾2354 TEL.0494-24-7263／**22番童子堂** 埼玉県秩父市寺尾3600 TEL.0494-23-9989／**23番音楽寺** 埼玉県秩父市寺尾3773 TEL.0494-25-3018／納経時間8時～17時（11月～2月は16時)、昼休憩12時～12時30分／納経帳の書き入れ朱印300円

堂のどこかに掛けてある額絵を探そう

岩之上堂に掲げられている『観音霊験記 秩父巡礼二十番寺尾村の孝子』の額絵

秩父札所の多くの堂には、江戸時代の絵師、広重二世や国貞(くにさだ)の浮世絵『観音霊験記』を写した奉納額が掲げられている。いずれもその堂にまつわる不思議な出来事が紹介されていて、見つけるのが楽しみになる。例えば、20番岩之上堂は、孝行息子が母の病の知らせを聞いて急ぎ家に帰ろうとしたが、川が増水して渡れず困っていた。すると、舟に乗った童子が現れて渡してくれるという。どこの人か問うと、「我はあの岩の上の者。汝(なんじ)の孝心を憐れんで渡そう」と言い、若者を渡したあと姿を消した。若者は「きっと観音様だったのだろう」と拝み、母のもとに急いだという話が描かれている。

ぐ進めば、秩父鉄道の秩父駅に至る。時間が合えば、「音楽寺バス停」からバスに乗車すると楽なのだが、便数が少ない。もし、時間に余裕があれば、音楽寺に隣接する秩父ミューズパークの園内を少し歩くと「旅立ちの丘」という展望スポットがあり、絶景を期待できるので行くとよい。近年、小中学校の卒業式でよく歌われる合唱曲『旅立ちの日に』は、秩父市の中学校の先生が作った。それを記念して建設された展望デッキだ。

23 番音楽寺は上達祈願、ヒット祈願に訪れる音楽家も多い

交通アプローチ
行き／秩父鉄道「大野原駅」
帰り／秩父鉄道「秩父駅」

参考タイム
大野原駅（15 分）► 19 番龍石寺（25 分）► 20 番岩之上堂（15 分）► 21 番観音寺（25 分）► 22 番童子堂（30 分）► 23 番音楽寺（3 分）► 十三権者の石仏（2 分）► 音楽寺（45 分）► 秩父駅

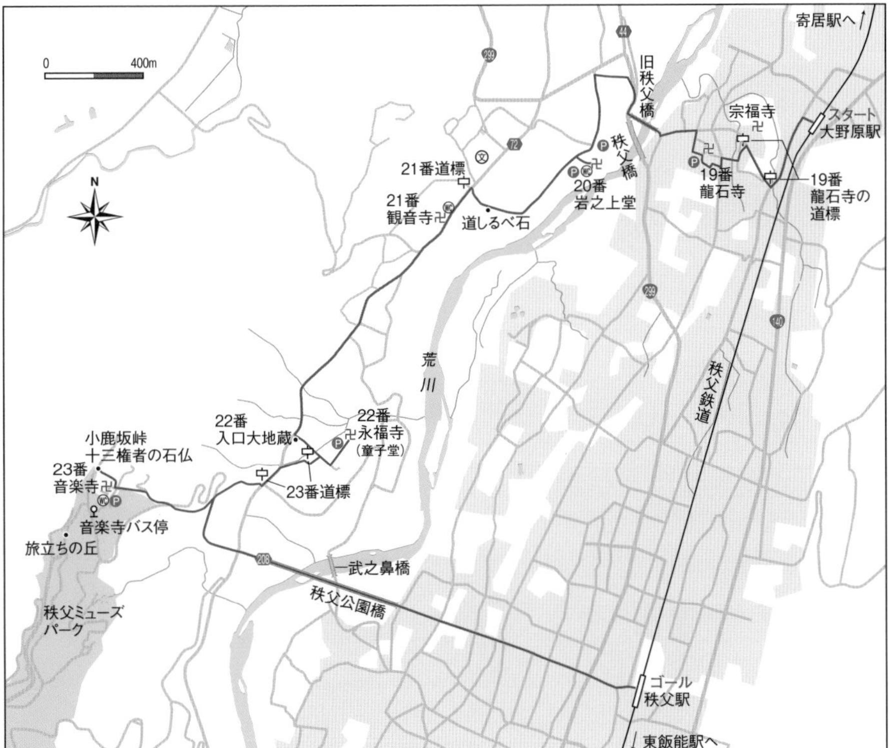

現地情報
秩父観光協会　埼玉県秩父市野坂町 1-16-15　TEL.0494-21-2277
秩父札所連合会　埼玉県秩父市野坂町 1-16-15　TEL.0494-25-1170

27

芝桜の丘から緑のハイキングコースを歩く

羊山(ひつじやま)公園と琴平丘陵

歩行タイム	3時間10分
季節	春 夏 秋 冬

季節が春から初夏に変わるころ、秩父の羊山公園の芝桜は満開になる。鮮やかな花の色で大胆に彩られた丘は、現代アートの作品のよう。一方、琴平丘陵は、山の神の祠(ほこら)や観音堂をめぐる歴史の道。一日で両方歩いてみよう。

芝桜の丘には秩父市のイメージキャラクター、ポテくまくんの家もある

羊山公園の芝桜の丘、奥は武甲山。芝桜の花畑には、4月の空の青さがよく似合う

芝桜の丘の一角ではチューリップの花も満開

芝桜の丘は大人気の観光スポット

羊山公園の芝桜は、開花期間が4月中旬から5月初旬と大型連休に重なり、毎年数十万人もの見物客が集まる。しかし、芝桜の丘は広く、人の多さはあまり気にならない。

羊山公園は荒川が造った河岸段丘で、秩父の市街地よりも標高が50メートルほど高い。公園南部の芝桜の丘は、武甲山の麓に位置し、ちょっとした高原の雰囲気がある。そこに、ピンク、白、藤色など多彩な花が、マーブル柄やペイズリー柄のような曲線模様で植え込まれている。自然の風景ではないのだが、丘の奥にそびえる武甲山から花々が流れてきたような躍動感のある不思議な空間で、園路をさ迷うと楽しい。観光情報によると、芝桜の丘のデザインは、秩父夜祭で曳きまわす笠鉾(かさほこ)、屋台に乗る囃子手(はやして)の襦袢(じゅばん)の模様を表現しているという。さて、あなたの目には、どう映るだろう。

羊山公園の南の琴平丘陵には、ハイキングコースが設けられている。コースの全長は約6.5キロとそれほど長くない割にアップダウンがあり、歩きごたえがある。下山する手前の秩父札所26番の観音堂は、清水の舞台に似た懸(かけ)造り。岩と緑に囲まれ、秘境の雰囲気が漂う。

緑あふれる琴平ハイキングコース

芝桜の花の時季には、西武秩父駅前から桜の丘に直行してもいいのだが、羊山公園は、美の山公園（108ページ参照）や秩父ミューズパークの「旅立ちの丘」（123ページ参照）とともに、秩父市街を見渡す好展望地。公園の北側に、その名も「見晴しの丘」がある。初めて来た人は寄り道してから、芝桜の丘に行くといい。

桜の丘は、公園の南側。開花期は入園料を徴収している。中央口の外の広場には、観光案内所や露店があ

羊山公園を出て、琴平ハイキングコースを歩く

長者屋敷の休憩舎。芝桜の花に合わせて来たハイカーでにぎやか

懸造りの岩井堂は聖観音をまつる秩父 26 番の札所

り、行楽気分が高まる。

芝桜の丘を散策したら、琴平丘陵を歩きに行こう。ハイキングコースの入口は、中央口近くの「ふれあい牧場」の脇の道。わかりにくければ、観光案内所で確認してから出発しよう。ハイキングコースに入ってしまえば、道標が要所にあるため、迷う心配はまずない。

しばらくは平坦な道が続き、「山の神の祠」から急坂の山道になる。上って行くと、三角点や大山祇神（おおやまつみのかみ）の祠があるが、林の中で展望は利かない。次の長者屋敷と呼ぶ場所も展望はないのだが、休憩舎があり便利だ。

ここから道は西に進路を変え、下りになる。小高いピークに修験道の名残の堂があり、さらに下れば、右手の崖に懸造りの建物が現れる。秩父札所 26 番岩井堂だ。堂を下から支える柱が古色を帯びて趣がある。崖に刻まれた石段は滑りやすい。堂に

芝桜の模様は夜祭の囃子手の衣装から

芝桜の丘のデザインのモチーフになった秩父夜祭は、12 月 3 日に行われる秩父神社の例祭。囃子手というのは、紅白の襦袢を着て、笠鉾や屋台に乗り、昼は扇子、夜は提灯を手に持ち、「ホーリャイ、ホーリャイ」と声を上げて、屋台の進行を盛り立てている人たち。

秩父神社は、平安時代の『延喜式神名帳（えんぎしきじんみょうちょう）』に載る古社。祭神は秩父地方を繁栄に導いた知知夫彦命（ちちぶひこのみこと）など 4 柱だが、元は武甲山を神体山とする遥拝地だったともいう。秩父夜祭は、底冷えする盆地の冬の夜に行われるため、ハイキングを兼ねて見物に出かけるには不向きなのだが、「日本三大曳山（ひきやま）祭」に数えられるほど華やかなので、一度は見に行こう。その際は防寒着を忘れないこと。

絢爛豪華な笠鉾の上で声を張り上げる 4 人の囃子手

秩父鉄道の影森駅近くの車窓から見る武甲山

上がる場合は、手すりを使って一歩一歩慎重に。

岩井堂からさらに下ると、琴平神社の鳥居前に出る。ここから昭和電工の工場を抜ければ、秩父鉄道の影森駅だが、岩井堂の御朱印をいただく場合は、納経所の円融寺に参詣してから駅に向かおう。

立ち寄り施設

羊山公園芝桜の丘　有料期間4月中旬～5月初旬／有料時間8時～17時／入園料一般300円、中学生以下無料／埼玉県秩父市大宮6360／TEL.0494-21-2277（秩父観光協会）

交通アプローチ

行き／西武秩父線「西武秩父駅」
帰り／秩父鉄道「影森駅」

参考タイム

西武秩父駅（15分）►羊山公園見晴しの丘（20分）►芝桜の丘（30分）►山の神の祠（50分）►長者屋敷の休憩舎（25分）►岩井堂（20分）►琴平神社（20分）►円融寺（10分）►影森駅

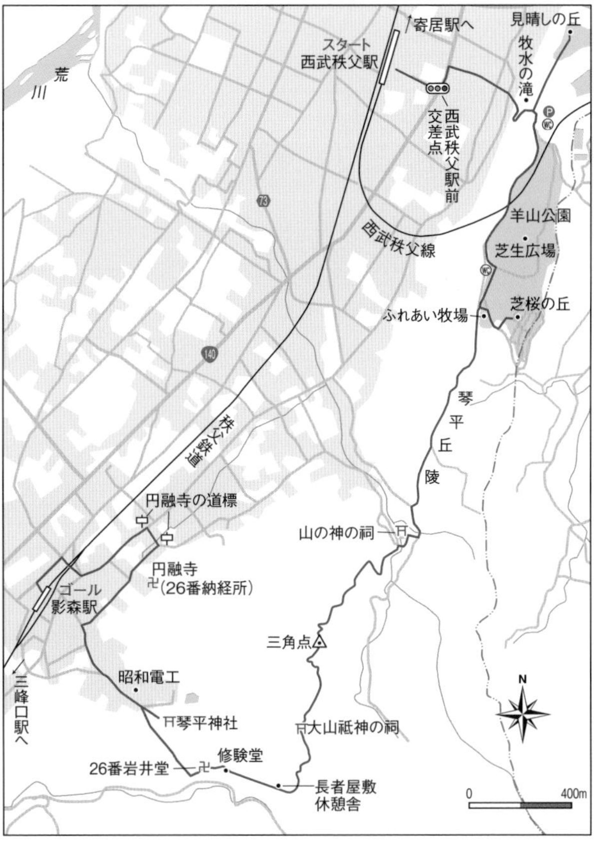

現地情報　秩父観光協会　埼玉県秩父市野坂町1-16-15　TEL.0494-21-2277

28

枝垂(しだ)れ桜の花を求め、荒川南岸の里を歩く

橋立鍾乳洞と桜の寺めぐり

歩行タイム	2時間
季節	春 夏 秋 冬

桜の花の中でも枝垂れ桜は、ひときわ優美だ。枝が長いため、花付きはまばらに見えるのだが、そこがまた春霞のようで風情がある。枝垂れ桜の名所を探し、春の秩父市荒川地区を歩く。武甲山麓の橋立鍾乳洞も探検してみよう。

橋立堂に参拝する巡礼。菅笠に「同行二人」の文字

満開の枝垂れ桜におおわれて堂宇が霞むかのような花の寺、清雲寺

スタートの秩父鉄道の浦山口駅のホームからして春爛漫

枝垂れ桜の咲く古刹が集まる

秩父盆地の南部、荒川沿いの里には、春の境内に咲く枝垂れ桜で名高い寺が、いくつかある。東から西に、まずは秩父札所 29 番長泉(ちょうせん)院。入口の枝垂れ桜の古木は、花の笠を幾段にも下げたように華やかで、遠方からもよく目立つ。

次の清雲(せいうん)寺は札所ではないが、桜の季節には枝垂れ桜を見るため、大勢の人が集まる。室町時代に開山して以来の樹齢 600 年の古木という。エドヒガンを品種とする名木には、樹齢約 2 千年の山梨県実相(じっそう)寺の山高神代桜のように驚くほど長寿の木があり、清雲寺の桜は、これからも美しい花を咲かせることだろう。

さらに西に進むと、昌福(しょうふく)寺の桜がある。しかし、少し遅れて咲くため、一度のハイキングで三つの寺の満開の花を楽しむのは難しい。時期をずらして訪ねる方がよいと思う。

長泉院の東には、28 番札所の橋立堂があり、その奥ノ院の橋立鍾乳洞は、石灰岩から成る武甲山が造った奇観。秩父の自然に関心がある人は入洞してみよう。洞窟よりも花を早く見たいという人は割愛してもいい。

橋立鍾乳洞を往復する道を除いて起伏もなく、のどかな田園風景が続く。春から秋の週末は、時間が合えば、汽笛が響き、白い煙を吐いて走る SL が畑の向こうに見える。桜の季節以外も里山ハイキングにおすすめのコースだ。

洞窟の奇観と明るい田園風景

浦山口駅で下車し、線路をくぐって西に進む。まずは橋立鍾乳洞に向かうため、「札所 29 番長泉院」の道標を右に見て、左手の坂を上る。谷沿いの道になり、斜面の上に札所 28 番橋立堂と納経所を兼ねた橋立鍾乳洞の出入口の建物がある。入洞の所要時間は 15 分程度。短い洞の割に高

秩父札所 28 番橋立堂。左の建物は橋立鍾乳洞の入口を兼ねた納経所

長泉院の桜。一時期、元気がなく「よみがえりの一本桜」と呼ぶようだ

低差が大きく、意外に楽しめる。

橋立堂からは「長泉院」の道標まで戻り、西に進む。橋立川を渡ったら道なりに行かず､左手の「江戸巡礼古道」の道標の坂道を上がると、生活感のある集落を通り抜ける道で感じがよい。

もうすぐ清雲寺。路傍のレンギョウの黄色い花が鮮やか

左手の谷の奥にある浦山ダムの巨大な提体を見ながら浦山川の諸上橋を渡り、長泉院に向かう。

長泉院の入口は、枝垂れ桜の巨木が目印。本堂に貼られた千社札が信仰の篤さを感じさせ、庭の景観も整った明るい印象の寺だ。

長泉院を出たら「清雲寺・千手観

珍しい相撲四十八手の格天井

荒川上田野の千手観音堂の天井に描かれた相撲四十八手

清雲寺の西に千手観音堂がある。一見、変哲もない堂だが、参拝して上を見ると、格天井(ごうてんじょう)に相撲の四十八手の取り組みが描かれている。境内では８月、地元の人たちが、厄除け、無病息災、家内安全などを願い「信願相撲」を奉納する。現在、大相撲は年間６場所もあるが、本来、相撲節会(すまいのせちえ)は宮中で陰暦７月に行われたため、俳句では相撲は今も秋の季語だ。

松尾芭蕉の句「昔聞け秩父殿さへ相撲取り」は､秩父庄司の畠山重忠(しげただ)（74ページ参照）が、本職の相撲取りと勝負した逸話を詠んだもので、この観音堂と直接関係はないのだが、秩父で相撲にゆかりのものに出合うのはうれしい。

清雲寺の境内。多分、秩父で最も桜の美しい寺だろう

立ち寄り施設

橋立鍾乳洞　営業時間８時～16時30分／12月中旬～２月休／入場料大人200円小人100円／埼玉県秩父市上影森708／TEL.0494-24-5399

交通アプローチ

行き／秩父鉄道「浦山口駅」
帰り／秩父鉄道「武州中川駅」

参考タイム

浦山口駅（20分）►橋立堂･橋立鍾乳洞（40分）►諸上橋（5分）►長泉院（20分）►清雲寺（5分）►若御子神社（10分）►千手観音堂（20分）►武州中川駅

音堂」の道標に従って角を曲がり、西に進む。清雲寺は少し奥まった静かな場所にあるが、桜の季節には多くの人が往来している。近づいたら、小道を左に入って寺に直接向かってもいいし、若御子（わかみこ）神社の表参道を経由してもよい。確かに秩父で最も桜の見事な境内だ。

若御子神社は、昔は南の山上に鎮座していたという。オオカミの狛犬が、秩父の山里の神社の雰囲気を醸し出している。

桜の開花や満開の日を予測するのは、地元の人でも難しい。もし見ごろに早過ぎたのなら、散る前にもう一度、歩きに来よう。

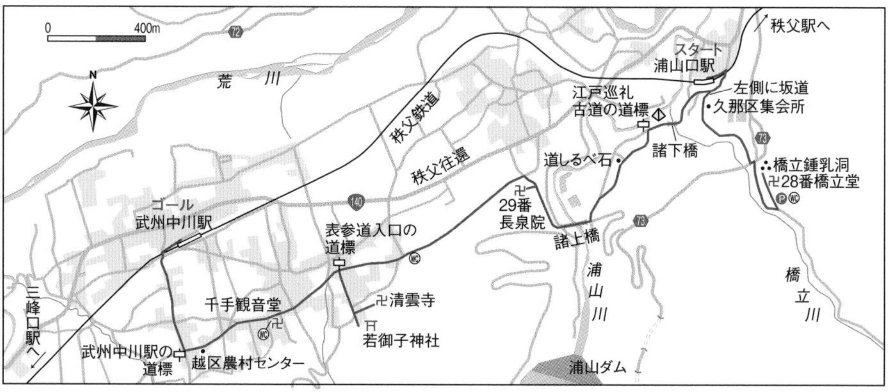

29

秩父の最奥、「天空の里」に日帰りハイキング
二瀬（ふたせ）ダムから栃本（とちもと）の集落を訪ねる

歩行タイム	3時間40分
季節	春 夏 秋 冬

栃本を初めて訪れた人は、山肌に張り付く家々を見て強い印象を受けることだろう。まさに「天空の里」。峠を越えれば、甲州、信州という秘境感あふれる絶景の地。道路はあるが、次も歩いて来ようと思う魅力的な山里だ。

５月、栃本の集落の空、荒川の谷をさかのぼるように泳ぐ鯉のぼり

栃本関跡から集落を西に歩いてみる。彼方に奥秩父の山々が見える

二瀬ダムで荒川をせき止めてできた秩父湖

秩父甲州往還の関所が置かれた山里

栃本は荒川の源流に近い山間の集落。深い谷に面した南斜面の中腹に家々がある。家屋は石垣の上に建てられているが、畑は土や作物が流れ落ちてしまわないのが不思議なほどの急こう配。正面には標高2036メートルの和名倉山（わなくら）（白石山）が、そびえている。だが、集落の標高も750メートル前後と高く、日あたりはよい。荒川の谷は東西にV字に大きく開けているため、埼玉県最高峰の三宝山（さんぽう）や甲武信岳（こぶし）の連なる奥秩父の峰々を遠望することができる。

まさに絶景の集落で、初めて訪れると「こんな山奥に住んでいる人がいるのか」と驚くようなところだが、この地は古くから雁坂峠（かりさか）を越えて秩父と甲州を結ぶ道が通り、交通の要地だった。三峯神社の縁起では、古代に日本武尊（やまとたけるのみこと）が秩父に来た道。江戸時代には栃本に関所があり、跡が国の史跡に指定されている。

十文字峠（じゅうもんじ）を越えて信州に通じる山道もある。大正や昭和の初めには、登山家たちが甲武信岳や金峰山に登るために歩いた。それを記念して、栃本には奥秩父の山を愛した田部重治（たなべじゅうじ）の碑が立っている。

二瀬ダムから栃本までの道は、地図で見るとほぼ水平で単調に思えるかもしれないが、実際に歩くと、自然や歴史が豊かで楽しい。

栃本の集落の中央にある関跡。建物の内部は見学できない

急こう配の山の畑で農作物を育てるのはたいへんな労力だろう

山里の厳しく美しい暮らしを垣間見る

二瀬ダムのバス停で下車し、秩父湖畔を西に向かう。栃本までバスもあるのだが、山里の風景を満喫する

週末は栃本のテラスにキッチンカーのカフェが出ていることも

栃本から歩いて二瀬ダムに戻る。5月の奥秩父は美しい

には、歩くのが一番だ。

湖畔の道が二股に分かれたら「栃本」の道標が指す右の坂を上がる。福寿神社の次に栃本関所の警備を助けた「麻生加番所跡」がある。

斜面をカーブしながら少し上ると、

立ち寄り施設

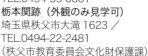

二瀬ダム管理所(ダムカード配布所)
配布時間8時30分～17時15分／埼玉県秩父市大滝3931-1／TEL.0494-55-0001

栃本関跡（外観のみ見学可）
埼玉県秩父市大滝1623／TEL.0494-22-2481
(秩父市教育委員会文化財保護課)

十文字峠や甲武信岳に登るなら信州側から

荒川の源流、甲武信岳の山頂付近を行く登山者

栃本の西の十文字峠は、奥秩父の名峰、甲武信岳や三宝山の北にある山中深い峠。明治の歌人で旅人の若山牧水は、信州の梓山からこの峠を越えて栃本に来て、「此処は秩父の谷の一番つめの部落であるそうだ。（略）何十軒かの家そのものすら既に断崖の中途に引っ懸っているような村であった」と『木枯紀行』に書いた。栃本に歌碑がある登山家の田部重治は、この峠を経由して、奥秩父の山々を踏破した。

峠には山小屋がある。しかし、よほどの健脚でないと、栃本から歩いて行くのは難しい。初めて十文字峠、甲武信岳、三宝山に登る人には、信州の川上村から往復することをすすめる。

金棒を下げた鬼鎮（きじん）神社があり、さらに行くと巨岩の上に金刀比羅宮がある。旧上中尾小学校の跡地まで来れば、栃本まであと半分だ。

しばらく家のない林間の道を行く。やがて観光トイレを過ぎて、谷側に眺めのよいテラス、山側に田部重治の碑がある。ここから関跡まで、栃本集落と山々を望む絶景が続く。

大正のころ、民俗研究家の今（こん）和次郎が、全国の村々を歩いて書いた『日本の民家』に栃本が出てくる。「耕地や宅地になし得る土地が甚（はなは）だ少いので、畠や宅地が極度にまで綺麗に手入されている」とある。泊まった宿の子が窓から山の上で光る稲妻を眺めて、「めったイナビカリがすらあ、あれあ天竺（てんじく）の爺サマと婆サマだよ」と歌うようにささやいて教えてくれたとも書いてある。現在も栃本は家屋や畑の手入れの行き届いた美しい集落で、メルヘンの世界のような雰囲気が漂っている。

関跡からもう少し先まで歩いたり、斜面の道を下ったりすると、山里の暮らしを垣間見ることができる。地元の人に会ったら挨拶して、作物や山の名前を教えてもらうといい。

帰りはバスに乗るか、来た道を歩いて戻る。名残惜しいと感じたら、また来よう。

交通アプローチ

行き／西武秩父線「西武秩父駅」または秩父鉄道「三峰口駅」から西武観光バスで「秩父湖バス停」

帰り／「秩父湖バス停」から西武観光バスで秩父鉄道「三峰口駅」または西武秩父線「西武秩父駅」

参考タイム

秩父湖バス停（2分）►二瀬ダム展望台（8分）►荒川ふれあいログハウス（20分）►麻生加番所跡（40分）►旧上中尾小学校（30分）►田部重治の碑（10分）►栃本関跡（10分）►栃本バス停（10分）►栃本関跡（90分）►秩父湖バス停

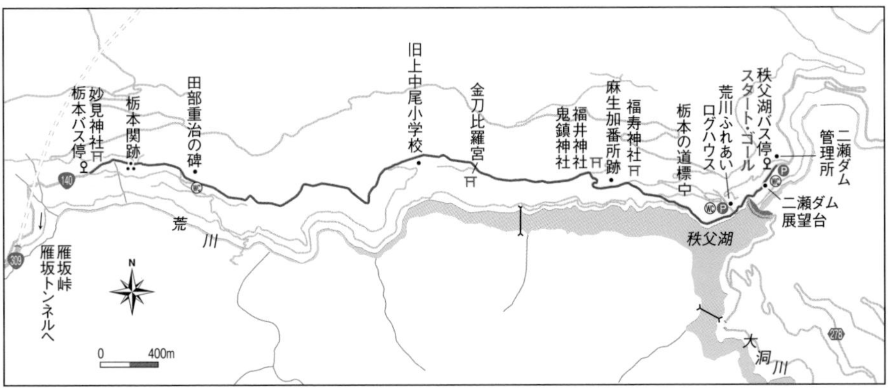

現地情報 秩父観光協会大滝支部　埼玉県秩父市大滝 4058　TEL.0494-55-0707

30

西秩父の歴史が香る町並みと集落

小鹿野（おがの）の町と般若（はんにゃ）の里

歩行タイム	3時間25分
季節	春 夏 秋 冬

小鹿野町に「般若」という変わった地名がある。わらべ歌「通りゃんせ」の歌詞とは反対で、行きの峠越えは寂しい山道だが、秩父札所32番の寺からの帰り道は、明るい田園風景が広がる。どうやら般若は、鬼の里ではないようだ。

般若の丘公園一帯からパレオパラドキシアの化石が発掘された

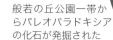

般若の里の法性寺を目指し、沢沿いの山道を上り、大日峠を越える

歴史を感じさせる建築の商家が点在する小鹿野町の通り

伝統的な家並みの通りから峠を越える

古い街並みが残る小鹿野町の表通りからスタートして、大日峠を越えて般若地区にある秩父札所32番法性(ほうしょう)寺まで歩く。31番札所から続く「巡礼道」になってはいても、沢沿いの山道で足元が悪く、歩きやすい靴が必要。また、一人よりも誰かと一緒に行く方が心強い。

小鹿野は、昔、絹の取り引きで栄えた。江戸時代の旅の僧が「小鹿野の町は東西に通りがあり、道幅は広く、両側に家が立ち並び、さまざまな商人の店が軒を連ねる。秩父郡で第一の繁栄地は大宮町（秩父市街）、小鹿野町と吉田町がそれに次ぐ」といったことを紀行文に書いている。現在の小鹿野町は、伝統的な建築の商家が、かつての繁栄をしのばせる。

鬼が出るかと思いきや穏やかな田園

大日峠越えには小鹿野警察前のバス停が近いのだが、小鹿野の街並みを歩くため、原町で下車して、警察署の手前まで戻る。醤油の看板を掲げた酒店など情緒ある建物を見て、市役所の前を行く。郵便局を過ぎたら警察署の手前で右の路地に入り、赤平川の金園橋を渡る。しばらく進むと左側に「札所32番」の道標が立つ小道があるので、それを進む。心細くなるような沢伝いの山道だが、所々に観音に奉納した幟が立ち、法性寺まで案内してくれる。

石仏がある大日峠からは下り道。般若川沿いの柿ノ久保の集落に出たら、法性寺は近い。境内の草花の美しさで知られる寺で、特に秋の初めに咲くシュウカイドウは名高い。

般若という地名は鬼女ではなく、仏教経典の『大般若経』を意味し、法性寺の観音堂を「般若堂」と呼んだことや、帰路に通る日本武(やまとたける)神社が、昔は「大般若十六善神社」とも称したことに由来する。般若は、元来、悟りを得る知恵のこと。しかし、法性寺の山門や本堂には奉納品なのか般若の面が掛けてあり、人の連想は、やはりそちらに行くようだ。

法性寺からは、田園風景の快適な道。日本武神社に参り、パレオパラ

法性寺の山門に掛けられている般若の面

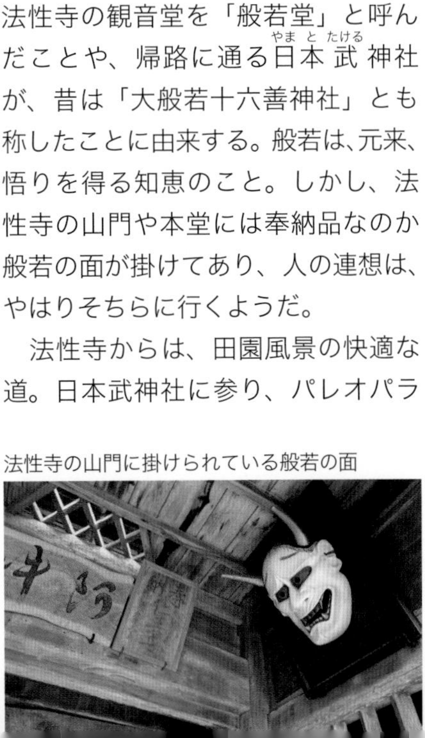

法性寺の観音堂は琴平丘陵の 26 番岩井堂と同じく懸造り

ドキシアの模型がある般若の丘公園の展望台に上って、小鹿野の風景を眺めてから、三島バス停に向かおう。

交通アプローチ

行き／西武秩父線「西武秩父駅」から西武観光バス・小鹿野町営バスで「原町バス停」

帰り／西武観光バス・小鹿野町営バス「三島バス停」から西武秩父線「西武秩父駅」

参考タイム

原町バス停（25 分）►小鹿野郵便局（10 分）►金園橋（45 分）►大日峠（35 分）►札所 32 番法性寺（45 分）►日本武神社（15 分）►般若の丘公園展望台（30 分）►三島バス停

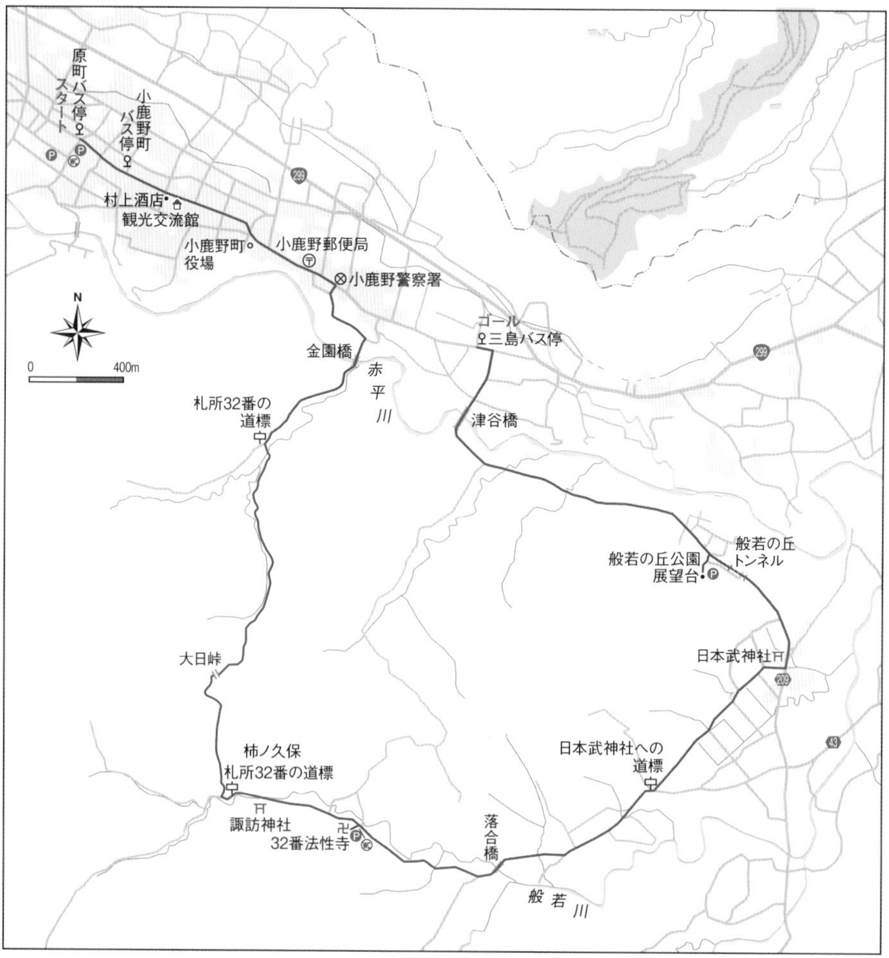

現地情報 小鹿野町観光協会　埼玉県秩父郡小鹿野町両神薄 2906　TEL.0494-79-1100

奥武蔵・秩父あれこれ

４月、芦ヶ久保の日向山　「山を見ている人もまた山なのだ」というようなことを書いていたのは、詩人の高村光太郎だったろうか。そのとおりだな。いい眺めだ。

奥武蔵・秩父の地形と自然

ハイキングに向く秩父盆地

埼玉県の地形は大まかにいうと、西は関東山地で、東は関東平野。登山者やハイカーは、関東山地を東部の「奥秩父」と西部の「奥武蔵」に分けることが多い。奥武蔵と関東平野の間には、岩殿、比企などの丘陵がある。奥秩父は、長野、山梨との県境で、埼玉県最高峰の三宝山（2,483m）や「日本百名山」の甲武信岳（2,475m）がそびえている。荒川は甲武信岳の東斜面を源流とし、秩父盆地を流れ、長瀞の渓谷美をつくり、谷口集落の寄居で関東平野に出て、東京湾にそそぐ。甲武信岳は信濃川の源流でもある。

奥秩父は山深いため、ハイカーではなく、登山者の領域だ。しかし、秩父盆地は羊山

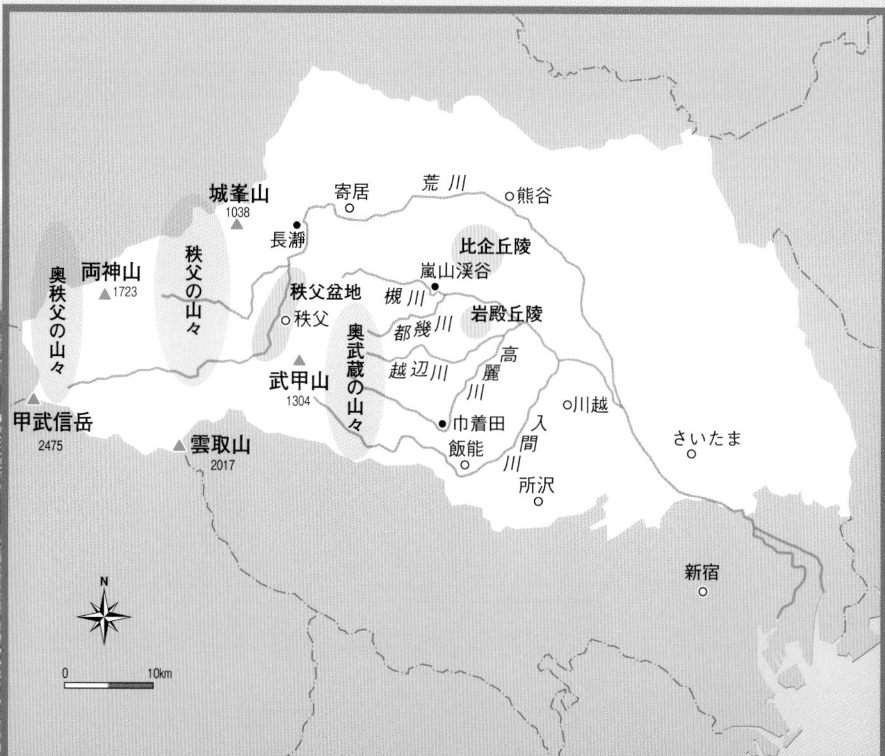

5月、風布の道端。アナグマが腐葉土に鼻を突き入れて餌を探していた

3月、巾着田のモズ。木々の葉が茂る前までが野鳥観察のベストシーズン

丘陵などの河岸段丘や蓑山（美の山）のような低山に囲まれ、ハイキングを楽しむ場所に恵まれている。

奥武蔵は「武蔵野の奥」の山々

奥武蔵は古い地域名ではなく、昭和初期、西武鉄道の前身の武蔵野鉄道が「武蔵野の奥」にある山々にハイカーやスキー客（刈場坂峠にスキー場があった）を呼び寄せるために使い始めたのが、最初という。それ以前の呼び方は「外秩父」だが、昭和26年（1951）、埼玉県が飯能地域を中心に「県立奥武蔵自然公園」を指定したこともあり、奥武蔵が定着した。

奥武蔵の山々からは、入間川、高麗川、越辺川、都幾川、槻川などが流れ出ており、荒川に注ぐ。言わば、奥武蔵・秩父は「荒川の上流地域」だ。本書では21「こだま千本桜と高窓の里」コースの小山川だけが、利根川の支流だ。

山里の暮らしや自然にふれる

奥武蔵や秩父盆地の山は標高が低く、登山の対象としては物足りない。この地域を歩く楽しさは、登頂よりも、山や川の景色を眺め、山里の暮らしにふれることにある。

奥武蔵は昔から材木の産地で、山中は杉などの植林地が多いが、麓には、梅、ゆず、みかん、花桃などの果樹や花を栽培する集落が点在し、春秋の景観は美しい。秩父は、札所めぐりの歴史から古刹が多く、「巡礼道」などの古道もあり、味わいのあるハイキングができる。

奥武蔵や秩父の山や里を歩いていると、野鳥や小動物を見ることがある。縄張りを主張して鳴いたり餌を探したり、動物園にいる仲間たちとは違って生き生きと活動している。近づいて驚かしたりせず、そっと観察してみよう。

初秋、般若の里でタマムシの羽をひろった。これが「玉虫厨子」の輝きか

奥武蔵・秩父の歴史

坂東武者の故郷であり
絹、紙、材木などの生産地

奥武蔵・秩父には、縄文時代の遺跡はあるが、弥生時代の遺跡は少ない。地形が水田に向いてなかったのだろう。古墳は、上野(こうずけ)国（群馬県）に通じる本庄市の周辺に多い。

武蔵国は、7世紀ころまで、知知夫(ちちぶ)、无邪志(むざし)、胸刺(むさし)に分かれ、それぞれ国造(くにのみやつこ)がいたという。无邪志と胸刺は同一とする説もあるが、知知夫は秩父地域とされている。

飛鳥時代には、秩父郡から朝廷に天然の和銅(にきあかがね)を献上したことが、国の正史『続日本紀(しょくにほんぎ)』に記されている。

奈良時代には、駿河、相模、甲斐など7国の高麗(こま)人を移住させ、高麗郡を設けたことが、同じく『続日本紀』に載る。

平安時代は奥武蔵の山中に寺院が造られた。秩父は馬の産地で牧場を管理する秩父氏が隆盛し、子孫が畠山氏、河越氏、江戸氏など、鎌倉幕府を支える御家人になる。嵐山町は畠山重忠の館や木曽義仲(よしなか)の生誕地、越生町は太田道灌(どうかん)の山吹伝説など、武将に関する史跡や逸話が豊富だ。戦国時代は、鉢形城の北条氏が支配したが、北条氏は豊臣秀吉に敗れた。

江戸に幕府が開かれると、秩父と奥武蔵は、絹、紙、炭、材木などの生産地になり、太平の世で、秩父札所めぐりが盛んになる。

幕末から明治初めは、生活苦や不況から農民が蜂起し、名栗で「武州世直し一揆」、秩父で「秩父事件」が起きた。

武甲山はこの地域の象徴だが、石灰石の採掘が大正から行われ、昭和の高度経済成長期にセメント需要が増大し、山頂まで削られて山容は変貌した。しかし、巡礼を迎えてきた歴史に加え、「ハイキングのまち」宣言や「遠足の聖地」宣言など、奥武蔵・秩父がハイカーを歓迎してくれる地であることに変わりはない。

菅谷館跡。鎌倉時代、武将で有力御家人の畠山重忠の居館。現在の遺構は戦国時代の城跡

栃本関跡。江戸時代、秩父甲州往還の通行人を取り調べた。菅谷館跡ともに国指定史跡

時代	西暦・年号	できごと	関連コース
縄文		秩父市の橋立鍾乳洞や日高市の高麗など各地に遺跡がある。	P128
弥生		山がちな地形のためか、遺跡はほとんどない。	
古墳		本庄市、秩父市、嵐山町などに古墳群がある。	
		伝承では景行天皇のとき日本武尊が東征で秩父を訪れた。	P104
飛鳥	708（慶雲５）	秩父で和銅が発見され、朝廷に献上。年号を「和銅」に改元。	P108
奈良	716（霊亀２）	駿河、相模など７国の高麗人を移し、高麗郡（日高市）を設置。	P28
平安	903（延喜３）	秩父は良馬の産地で、秩父牧（牧場）から朝廷に馬を献上。	
	中期	高山不動の軍荼利明王像、桂木観音の伝釈迦如来像が造られる。	P44・P52
	後期	桓武平氏の平将常（将恒）が秩父に居住。秩父氏を称す。	
		秩父重綱の子が、畠山氏、河越氏、江戸氏の祖になる。	
	1155（久寿２）	大蔵館（嵐山町）の源義賢が討たれ、子の義仲は木曽に逃れる。	P72
	1187（文治３）	源義経が、藤原秀衡を頼って奥州に下る。	P36
		畠山重忠は、このころから菅谷館（嵐山町）に居住。	P72
鎌倉	1205（元久２）	菅谷館を出立した畠山重忠が、鎌倉幕府軍と戦い討ち死に。	P72
	1234（文暦元）	秩父札所観音霊場が開創されたと伝える。	P116・P120
室町	1430（永享２）	足利義教が扇谷上杉氏に命じ、無極慧徹を招き龍穏寺を開山。	P60
	1455（康正元）	太田道灌が、父の道真から家督を継ぐ。	P56
	1507（永正４）	武蔵の銘茶として「慈光茶」の名が書籍に記される。	P64
戦国	1590（天正18）	北条氏の鉢形城が、豊臣秀吉による小田原攻めの一環で落城。	P92
江戸	1603（慶長８）	征夷大将軍に任じられた徳川家康が、江戸に幕府を開く。	
	1614（慶長19）	関東郡代の伊奈氏が、秩父甲州往還の栃本に関所を設置。	P132
	前期	江戸の町の建設により材木として「西川材」の需要が高まる。	P24・P32
		西川材を江戸に運ぶため、入間川などで筏流しが盛んになる。	P24
	中期	秩父札所巡礼が盛んに行われるようになる。	P116・P120
		秩父の絹の生産が増え、大宮郷、小鹿野、吉田などの市が繁栄。	P136
		秩父神社の例祭が盛大になり、「秩父夜祭」に発展していく。	P124
		小川や東秩父の紙、越生の梅干、桂木ゆずの生産が盛んになる。	P52・P56・P76
	1779（安永８）	塙保己一が『群書類従』の編さんに着手。40年後に完成。	P100
	後期	狭山茶の栽培と製茶が盛んになり、開港で横浜から輸出。	P20
	1866（慶応２）	名栗に始まり、10万人が蜂起する「武州世直し一揆」が起きる。	P32
明治	1884（明治17）	秩父の農民が高利貸しなどを襲撃する「秩父事件」が起きる。	P96
大正	前期	武甲山で石灰石の採掘が始まる。	P112
		秩父銘仙が大衆的な絹織物として人気になる。	
昭和	1939（昭和14）	「新しき村」の東の村が毛呂山町にできる。	P48
	1950（昭和25）	秩父多摩国立公園（現在は秩父多摩甲斐国立公園）を指定。	P132
	1951（昭和26）	県立奥武蔵自然公園、黒山自然公園、長瀞玉淀自然公園を指定。	P36・P60・P104
	1954（昭和29）	県立比企丘陵自然公園を指定。	P68
	1957（昭和32）	県立武甲自然公園を指定。	P112
	後期	武甲山の山容が石灰石の大量採掘によって変わり始める。	P112
平成	2016（平成28）	越生町が「ハイキングのまち」を宣言。	P60
	2017（平成29）	日高市が「遠足の聖地」を宣言。	P28

奥武蔵・秩父を書いた本

武者の絵巻や狂言の舞台

奥武蔵・秩父は坂東武者を育んだ土地。鎌倉時代の絵巻『男衾三郎絵詞（おぶすまさぶろうえことば）』は「昔、東海道のすゑに武蔵の大介（おおすけ）といふ大名あり。其子に吉見二郎、をぶすま（男衾）の三郎とて、ゆゝしき二人の兵（つわもの）ありけり」で物語が始まる。兄弟の名は、武蔵国北部の地名を踏まえている。

二郎は雅な暮らしを楽しむ優男（やさおとこ）。三郎は武勇一点張りで、家来に「馬庭のすゑになまくびたやすな切懸よ（馬場の端には常に生首を切って掛けておけ）」と命じるような乱暴者。二郎が京に上る途中、山賊に殺されると、三郎夫妻は兄の家を乗っ取り、二郎の妻と娘をこき使う。といった継子いじめ物語になるが、絵巻の後半が欠けているため、結末は不明だ。

室町時代の芸能、狂言の演目に『入間川』がある。東国の大名が都から国に帰る道で、入間川の岸に至る。土地の者に「ここは深い。上流を渡る方がいい」と教えられた大名は、あえて反対の行動をして流されそうになる。当時、「入間の人は逆さ（さか）言葉を話す」と信じられていたため、大名は相手の言うことを素直に受け取らなかったのだ。関東を舞台にした狂言は珍しく、「入間の逆さ言葉」は都人の間でよく知られていたことがうかがえる。

豊富な伝説と寺社参詣

秩父は古代に日本武尊（やまとたけるのみこと）が訪れたという社寺の縁起や伝説が多い。それらは『日本

子ノ権現からの眺め。顔振峠辺りの山や武蔵野が見える。十返舎一九の『金草鞋』で参詣者が嘆賞した風景

田山花袋が「静かで、鷹揚で、のんびしりてゐる」と評した越生梅林付近の山々

書紀』に「甲斐より北の武蔵、上野をめぐって、西の碓日坂に至る」と記されたことに由来する。

オオカミや山犬が日本武尊を導き、助けたという伝説もある。秩父の社寺のお犬様の札は、江戸時代に盛んになった。町奉行、根岸鎮衛の随筆『耳袋』に、三峰権現（三峯神社）で札をいただいた男の話が載っている。男は「実際に犬を貸してくれるわけではなく、効験が見えない」と不満を言うのだが、下山する道でオオカミが後をつけてきたため、怖くなって舞い戻り、「疑ったことを悔い改め、お札だけいただきたい」とお願いする。

『東海道中膝栗毛』で有名な戯作者、十返舎一九は、『金草鞋』で秩父巡礼を題材にした。自身は巡礼せず、聞き書きだが、よく調べているうえ、旅人の滑稽を描き、読み物として面白い。札所８番西善寺と９番明智寺の間に、子ノ権現を入れ、「よいお山だ。いつぞやこの権現さまが江戸へ開帳にござったことがあったが、その時このお山も持ってござったらよかったろうものを」と景色をほめている。

文豪、歌人が賛美した山河

明治、大正になると、東京の文豪や歌人が、奥武蔵、秩父を旅行して紀行を書く。

幸田露伴は『知々夫紀行』の冒頭で「隅田の川のほとりに住めるものから、いつぞはこの川の出ずるところをも究め」と動機を述べ、熊谷から寄居を経て秩父を三峰山まで旅した。札所 28 番橋立堂の鍾乳洞に強い印象を受けたようで、洞内を詳しく描写している。

田山花袋の『秩父の山裾』は「坂戸の終点から乗合馬車で秩父の山巒に向つて進んで行く心持は、都会の煩累を離れて一歩一歩大きな自然の懐に入つて行くやうななつかしい感じであつた」という名文で始まる。そして、越生の梅林を訪ね、小川の町を気に入り、鉢形城から眺める荒川を絶賛し、城跡に立っている碑の漢詩を作った。

若山牧水は『渓より渓へ』の旅で、熊谷から秩父の町まで汽車で行き、停車場前の茶店で地図を広げ、「内秩父から外秩父の飯能町に出る」という行程を立てる。妻坂峠を越えて名栗川に沿って下り、名栗の鉱泉宿で泊るのだが、疲れ切り、痛む足を引きずって飯能にたどり着く。市民会館前にある碑の歌「しらしらと流れて遠き杉山の峡のあさ瀬に河鹿鳴くなり」は、このときの旅で詠んだものだ。

飯能市市民会館にある若山牧水の歌碑

奥武蔵・秩父の花めぐり

花との出合いは、野山を歩く大きな励みになる。奥武蔵や秩父の里には、それほど珍しい花が咲いているわけではないのだが、ハイキングの途中に腰を下ろして、じっくり観察してみると、自然の造形の繊細な美しさに驚かされる。

顔振峠のスミレ。スミレが咲くと春を実感する。良寛さんもスミレ摘みが大好きだった。

顔振峠のキケマン。ムラサキケマンも可憐だが、どちらも毒がある。華鬘は仏殿の飾りのこと。

鉢形城跡は桜の名所だが、このモクレンの木も素晴らしい。この花を見るために来春も行こう。

鉢形城跡のカタクリ。寄居の町の花はカタクリ。風布や男衾自然公園などにも群落がある。

春、風布の水辺にミズバショウの花が咲く。植栽だが、尾瀬の旅を思い出させてくれる。

巾着田のヒガンバナ。秋の高麗は大混雑。各地に咲いているので自分だけの名所を見つけよう。

初夏、城峯山に登ったら、石間（いさま）川沿いの集落はどこも卯の花、ウツギの白い花が美しかった。

慈光寺（じこうじ）のシャガ。シャガは日陰に群生し、あまり注目されないが、よく見るときれいな模様。

4月、八徳（やっとく）からの下りの沢沿いの道に咲いていたイカリソウ。船の錨のような独特な形の花。

越生の五大尊つつじ公園、オオムラサキツツジの花。越生は梅、ツツジ、ヤマブキと花の町だ。

大内沢の花桃の郷のハイキングは麗らかな春光を浴びて、極楽浄土を歩いているようだ。

美の山公園のフデリンドウ。ヤマツツジの名所だが、足元を見ると小さなリンドウの花。

夏、菅谷館跡に咲いたノカンゾウ。「憂いを忘れる花」という言い伝えがあるが、さてどうだろう。

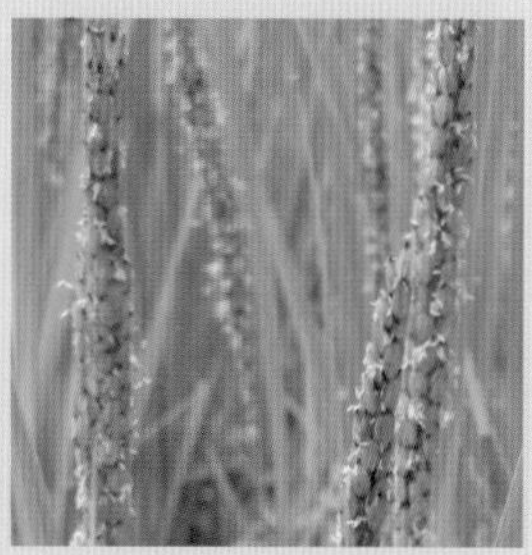

新しき村近くの田で気づいた稲の花。ごく小さいうえ、開花時間は昼の２時間ほどと短い。

テーマを持って「歩く旅」に出よう

四季折々、野山を歩くだけでも楽しいのだが、何かテーマを持つと、あちこち行ってみたくなる。例えば、「埼玉県の冠水（かんすい）橋を渡る」「秩父のオオカミの狛犬がある神社をめぐる」のは、どうだろう。歩けば歩くほど、発見がある。

里を流れる川の冠水橋めぐり

「冠水橋」は増水時の水没を前提に造った橋。「沈下橋」や「潜り橋」とも呼び、四国の四万十（しまんと）川では観光名所だ。埼玉県にもあり、入間川水系は特に多い。阿須（あず）運動公園の橋のように本流にもある。支流はあちこちで見かける。高麗川の多和目（たわめ）天神橋は木造で時代劇のセットのよう。槻川の嵐山渓谷の冠水橋は紅葉の名所。都幾川の稲荷橋は頑丈そうなコンクリート橋。冠水橋は多種多様だが、共通しているのは幅が狭く、欄干がないか、あってもごく低いこと。渡る際は転落に注意しよう。

橋ではなく「飛び石」だが、高麗川の城山橋上流の「ぽんぽん橋」や嵐山渓谷の「飛び石」を童心に返って渡るのも楽しい。

高麗川の多和目天神橋は昔話に出てくるようなノスタルジックな橋

入間川、上名栗の板の橋。用事はなくても渡ってみたくなる橋だ

嵐山渓谷の飛び石。冠水橋の下流にある

都幾川の稲荷橋は車も通るが、橋の上ですれ違いはできない

秩父市荒川上田野、若御子神社のオオカミの狛犬

三峯神社の大口真神をまつる遠宮（御仮屋）のオオカミ像

山の神社のオオカミの狛犬

秩父や奥多摩の山里には、町の神社のように唐獅子ではなく、やせて牙をむく精悍な顔立ちの狛犬が守っている神社がある。その姿は絶滅したニホンオオカミや山犬を模しているという。祭神の眷属（けんぞく）や使いとして「お犬様」や「大口真神」と呼び、火防、盗賊除、畑を荒らす獣除などの守りとして、オオカミの絵を刷った札を頒布したり貸し出したりする神社もある。よく知られているのは、秩父の三峯神社と奥多摩の武蔵御嶽（みたけ）神社だ。

こうした信仰は全国的には珍しく、秩父を中心に関東地方とその周辺でしか見られない。本書のコースでは、寶登山（ほどさん）神社奥宮や若御子（わかみこ）神社でオオカミの狛犬を見ることができる。そのほか、風布の南の釜伏峠（かまぶせ）の釜山神社、下吉田の椋（むく）神社、城峯（じょうみね）山の城峯神社、武甲山の御嶽神社などにもある。オオカミは今も秩父の人々の心の中に生き続けているようだ。

龍勢まつりで有名な椋神社のオオカミ

城峯山の山頂近くに鎮座する城峯神社のオオカミ

釜山神社にはオオカミの像がたくさんある

奥武蔵・秩父の寺社めぐり

奥武蔵・秩父には、古社寺が多く、ハイキングのよい目的地や休憩地になる。椋神社の龍勢など祭りや行事の見物を兼ねて歩きに行くのも楽しい。ハイキングを機会に「秩父札所めぐり」を始めるのもいいかもしれない。

都幾山慈光寺

比企郡ときがわ町にそびえる都幾山の閑寂な山中にあり、飛鳥時代の天武天皇の時に草創されたと伝える古刹。観音堂は「坂東三十三観音霊場」の９番札所、本尊は十一面千手千眼観音。麓から歩いて上ると板碑群や井戸跡など昔の繁栄ぶりがわかる。

慈光寺の観音堂

「千手大悲閣」の墨書に寺印の御朱印。右上に発願の印

巌殿山正法寺（岩殿観音）

「岩殿観音」と呼ばれて親しまれている寺で「坂東三十三観音霊場」の10番札所。奈良時代の開山と伝え、平安初期の武将、坂上田村麻呂が悪龍を退治した伝説がある。仁王門から真っすぐ延びる参道は印象に残る。

千手観音をまつる岩殿観音

千手観音の梵字と「大悲殿」の墨書に火炎宝珠印の御朱印

秩父神社

第10代崇神天皇のとき、知知夫国の初代国造が創建したと伝える。中世から近世は妙見信仰の宮として繁栄。この宮があるため、現在の秩父市街を大宮町と呼んだ。例祭の「秩父夜祭」は豪華な笠鉾・屋台で有名。

秩父神社の拝殿

社名の墨書に社印の御朱印。右上に「知知夫国総鎮守」の印

誦経山四萬部寺

平安時代、播州の名刹、書写山円教寺の高僧･性空の弟子が、この地で４万部の経典を読誦したことに始まる。秩父三十四所観音霊場の１番札所。この寺からスタートして札所を順にたどると歩きやすい。

四萬部寺の山門

「大悲殿」の墨書に「仏法僧宝」の三宝印

子ノ権現天龍寺

平安時代に紀州で生まれた聖者「子ノ聖大権現」をまつる珍しい寺。開山のとき、腰や足を痛めた聖は自身を祈る者を平癒させると誓い、足腰の病の祈願で名高い。奥武蔵の山歩きの人気スポット。

子ノ権現の本堂

「子ノ聖大権現」の墨書に宝印の御朱印

八王寺（竹寺）

医王山薬寿院八王寺だが、「竹寺」と呼ぶことが多い。本尊の牛頭天王は、祇園精舎の守護神で、薬師如来を本地仏とし、素戔嗚尊のことともいう。現在では珍しい神仏習合の寺。茅の輪の鳥居は必見。

竹寺の牛頭天王本殿

「牛頭天王」の墨書に三宝印の御朱印

寶登山神社

古来、火防、獣害除、盗賊除で知られる。第 12 代景行天皇の皇子、日本武尊が登山の途中、猛火に襲われるが、山犬が現れて火を鎮めたことから、火止山と名付けた伝説がある。

寶登山神社の拝殿

社名の墨書に社印の御朱印

椋神社

平安時代の『延喜式神名帳』に載る古社。日本武尊を導いた猿田彦命や藤原秀郷の戦勝祈願など伝説が豊富。近くの吉田小学校は秩父氏館跡。10 月の例祭で打ち上げる「龍勢」は、一度は見に行こう。

椋神社の拝殿

「延喜式内社」と記した社印の御朱印

夏は涼しい沢登りに挑戦〈白谷沢〉

夏は水の冷たさが心地よい季節。名栗の白谷沢は奥武蔵の山では珍しく、ゴルジュや廊下と呼ぶ岩壁の間を抜け、滝を連続して越えて進むスリルある沢登りを楽しめる。山頂まで行くのは登山者に任せて、沢だけ往復しよう。

奥武蔵で沢登りを楽しむ

奥武蔵・秩父に沢は多いのだが、険しすぎたり、やぶになったり、歩くのに適当なコースは少ない。名栗湖の白谷沢は「関東ふれあいの道」の「水源のみち」にもなっていて、岩や沢のベテランではない一般の登山者やハイカーでも沢登りを楽しむことができる貴重な場所だ。

まずは、白谷沢を歩くための注意事項を少し。万一に備えて、一人ではなく、複数人で行くこと。濡れた岩はすべりやすく、鎖やロープをつかんでよじ登る場所もある

歩行タイム　3時間20分

下りは上り以上に慎重に歩く。それから、どのような状況でも上ったことのない沢は絶対に下ってはいけない

白谷沢のゴルジュ。滝やゴルジュなど変化に富む白谷沢は、棒ノ嶺登山の人気ルート

沢を登り詰めると林道に出てベンチがある。ここで休憩や食事をして下山する

のでトレッキングシューズなどの底の滑りにくい靴をはくこと。沢は大雨が降ると増水したり、荒れたりするので、雨の後は行かないこと。それから、冬は足場が凍るだけでなく、日暮れが早い。特に谷間は午後早くから山の陰になって暗くなる。沢登りは、日の長い夏に楽しもう。

下りは上りよりもさらに慎重に歩く

バス停から有間ダムの上を通って棒ノ嶺の白谷沢登山口へ。登山届の箱があるので書いて入れるか、スマートフォンで QR コードを読み取って提出する。植林の間をしばらく歩くと、水際の道になり、「藤懸の滝」。滝のわきを越えて進むと「天狗の滝」や両側が岩壁の「ゴルジュ」がある。さらに進み、岩壁の鎖場を登れば、「白孔雀の滝」の上だ。次第に沢は浅くなり、やがて林道に出る。ベンチがあるので休憩や食事は、ここで。さらに上っていく人たちは、棒ノ嶺を目指す登山者。私たちは体力と時間の余裕のあるうちに下山しよう。沢歩きは上りよりも下りの方が、足元が滑りやすくて難しい。気を抜かず、慎重に下ろう。

交通アプローチ

行き／西武池袋線「飯能駅」から国際興業バス「ノーラ名栗・さわらびの湯バス停」
帰り／国際興業バス「ノーラ名栗・さわらびの湯バス停」から西武池袋線「飯能駅」

参考タイム

ノーラ名栗・さわらびの湯バス停（25 分）►白谷沢登山口（30 分）►藤懸の滝（25 分）►白孔雀の滝（25 分）►林道のベンチ（70 分）►白谷沢登山口（25 分）►ノーラ名栗・さわらびの湯バス停

ルート情報はここで！

関東ふれあいの道（首都圏自然歩道）

関東ふれあいの道（1）水源のみち

昔の農山村の生活を体験

昔、山里の農家は畑を耕し、蚕を飼い、炭を焼き、紙をすいて暮らした。今も体験できるものもある。紙すきやお茶づくり。自分でやると感動する。

和紙の里で紙すき

東秩父村は、江戸時代、和紙の生産が盛んだった。和紙作りは、楮（こうぞ）の皮を煮て打ち、水槽に入れてネリを混ぜ、一枚一枚すいていく。一連の作業は手間がかかるが、紙をすく工程だけなら、同村の道の駅に併設の「和紙の里」で体験できる。和紙作り伝統の地で自分の手ですいた紙は、宝物になる。

楮を入れた水をすくって縦横に揺り動かし、紙をすく

江戸時代の紙すき家屋で行う紙すきは貴重な体験

茅葺農家の囲炉裏（いろり）で焼く団子

本書16コースの吉田家住宅は、国指定重要文化財だが、客が囲炉裏で団子や鶏肉の串を焼くことができる。入母屋造り茅葺屋根の古民家の囲炉裏で焼いて食べる団子は、雰囲気も合わせて絶品。

吉田家住宅の団らん。主人が火を焚き、客が自分で団子を焼く

体験で摘んだ葉は釜炒り茶に

本書1コースの茶摘み体験などで摘んだ葉は持ち帰って、釜炒り茶を作ろう。「茶の葉を中華鍋やフライパンで炒り、大きなざるに広げて手でもむ」という作業を数回繰り返すと、おいしい緑茶ができる。

茶の葉を中華鍋で炒る

ざるに広げて手でもむ

釜炒り茶ができる

問い合わせ先

●手すき和紙体験　**東秩父村 和紙の里**
埼玉県秩父郡東秩父村御堂441
TEL.0493-82-1468

●囲炉裏　**吉田家住宅**
埼玉県比企郡小川町勝呂423-1
TEL. 0493-73-0040

●茶摘み体験　**入間市観光協会**
埼玉県入間市豊岡1-16-1 入間市役所商工観光課内　TEL.04-2964-4889

旅情をそそる秩父のSLとライン下り

秩父では蒸気機関車や川舟のような旅情をそそる乗り物が、今も現役で運行している。次のハイキングは長瀞までSLで行こう。ライン下りもしてみよう。

SLと船に乗るハイキング

秩父の里を歩いていると、突然、汽笛が鳴り、木々や家々から白煙を上げて駆けていくSLが見えて、驚くことがある。長瀞の岸を散策すると、人を大勢乗せた舟を船頭が棹で操って下ってくる。乗客はみんな笑顔で楽しそうだ。

どちらも地元の人は見慣れている光景だろうが、ほかの地域に住んでいる者にとって、SLや川舟は郷愁を誘い、旅情をそそられる。次回、秩父にハイキングに行くときは、秩父鉄道の熊谷駅や寄居駅からＳＬに乗車して長瀞駅や御花畑駅で下車してはどうだろう。そして、天気がよければ、長瀞駅前でライン下りを申し込んでみる。きっと思い出深い旅になる。

長瀞駅に到着したC58（シゴハチ）、SLパレオエクスプレス

終点の三峰口駅まで行けば、転車作業を見物できる

▲船頭さんの棹さばきで荒川を優雅に下る

◀瀬で波が高くなると船内に緊張が走る。スリル満点だ

問い合わせ先

● SLパレオエクスプレス
秩父鉄道 旅客案内係
TEL.048-580-6363（予約はホームページからのみ）

●ライン下り
荒川ライン下り　TEL. 0494-66-0890
長瀞ラインくだり　TEL.0494-66-0950

奥武蔵・秩父、ここもおすすめ

奥武蔵・秩父地域には、30 コース以外にもハイキングにおすすめしたい場所がたくさんあるので、10 カ所ほど追加で紹介。もちろん、ほかにも素晴らしい場所はあちこちあるはず。自分だけの秘密の景色を探しに出かけよう。

高麗峠越えの道
飯能市と日高市の間、高麗丘陵にある標高 177 メートルの峠。奥武蔵自然歩道の静かな道だ。

高麗の聖天院（しょうでんいん）
眺望がとてもよい寺。高麗王若光（じゃっこう）の守護仏、聖天尊を安置し、奈良時代に建立と伝える古刹。

鎌北湖
ハイカーやヘラブナ釣り師が集まる人造湖。奥武蔵自然歩道で巾着田、天覧山まで歩ける。

宿谷（しゅくや）の滝
毛呂山町の山中で雰囲気がよい。近くに南北朝時代の六角塔婆（とうば）という貴重な供養塔もある。

寺坂棚田

武甲山を望む横瀬町にある埼玉県最大級の棚田。田植えや稲刈りの風景に心がいやされる。

城峯山の展望台

城峯山は秩父の名山の一つ。歴史や伝説が豊富なうえ、山頂の展望台は360度のパノラマ。

男衾（おぶすま）自然公園

寄居町の男衾駅の南の丘。見晴らしがよく、上越の山まで見える。春はカタクリの花が咲く。

金石水管橋（かないしすいかん）

長瀞町を流れる荒川に架かる水道水と歩行者のための橋。橋の上からの眺めは絶景だ。

秩父華厳の滝の不動明王像

秩父華厳の滝を見下ろすように安置されている不動明王像。微笑ましくなる表情で人気。

ようばけ

小鹿野町の赤平川の岸で、名称は「日があたる崖」の意味。カニの化石が出ることで知られる。

快適なハイキングのために

ハイキングの服装
最も肝心なのは、歩きやすくて滑りにくい靴をはくこと。野山や山里や川辺を歩くなら、草木や岩などでけがをしないように、長袖、長ズボンを着用し、帽子を被ろう。

ハイキングの持ち物
水筒、財布、地図、雨具、食べ物をザックに入れて背負う。空腹になると歩く気力を失うため、短時間のハイキングでも食料を持つ習慣をつける。パン、おにぎり、菓子など簡単に食べることのできる物がよい。

地元の人やハイカーに挨拶
奥武蔵・秩父の人はハイカーに慣れているが、道や畑にいる人に挨拶して通ると喜ばれる。景色や作物についてたずねると、快く教えてもらえることが多く、山里の暮らしにふれたようでうれしいものだ。ハイカー同士も挨拶した方が気分がよい。

ハイキング中の注意
ゆっくり歩くように心がける。急いで歩かない方が安全なうえ、小さな花なども見つけることができて楽しい。道標があれば、立ち止まって、必ず確認する。里山にはイノシシなどを捕獲するわなが設置されていることがあるので、道は外れないようにしよう。

野山で食べるおにぎりはおいしい

ハイキングのマナー

1 焚火はしない
山火事は大惨事になる。日帰りのハイキングで焚火をする必要はないはずだ。

リスではなくクマの絵の「山火事注意」の看板は珍しい

2 ごみは持ち帰る
これはハイキングに限らず、どこに出かけたときにも常識になっている。

関八州見晴台の「ごみの持ち帰り」を促す看板

3 畑に入らない
農作物には生産者がいる。昔の人が言った「瓜田に履を納れず」は賢明なことわざ。

野菜や果物を近くで見たいと思っても畑には足を踏み入れない

あとがき

野山の道はいつも美しい景色とはかぎらない。単調な坂を延々と上ることもある。そんなとき、「智に働けば角が立つ。情に棹させば流される。意地を通せば窮屈だ」という言葉が頭に浮かぶ。夏目漱石の小説『草枕』のよく知られた冒頭だ。山道を抜けた主人公は、桃源郷のような温泉場にたどり着く。芸術家に深い感銘を与える作品のようで、カナダの天才ピアニスト、グレン・グールドは『草枕』の英訳を愛読したという。

グールドは20代でバッハの『ゴールドベルク変奏曲』のレコードを出して絶賛された。そして、50歳で亡くなる前の年、同曲を再録音している。どちらも素晴らしい演奏なのだが、彼自身は「26年前、私はあれをショパンの夜想曲のように弾いてしまった。あの演奏をした人物をもはや認識できない」と語った。

私は若いころ旅した土地や登った山を再び訪ねることが増えた。高麗の日和田山、名栗の谷、秩父夜祭、長瀞もそうだ。風景を見て昔を思い出すこともあれば、当時は気が付かなかったのか、忘れてしまったのか、新たな発見もあって楽しい。

『ゴールドベルク変奏曲』は、アリアと30の変奏曲からなる。坂東や秩父では古くから札所めぐりが行われているが、札所の33や34という数は観音菩薩が33の姿に変身して衆生を救うという信仰に由来するらしい。昔の人は、ある事柄を手中に収めるには30ほどのバリエーションが必要だと考えていたようだ。そうだとすると、30コースで歩く本書も奥武蔵・秩父の魅力を知るには、よい方法なのかもしれない。本書をきっかけに、この地域に興味がわいたら、地図を広げ、自分でルートを工夫して、さらに歩いてもらえると、著者としてはうれしい。

人はみな、いつまで元気に歩くことができるかわからない。歩けるうちは自然を楽しみに野山や里にハイキングに行こう。

重信　秀年

芦ヶ久保の日向山。駅から1時間半ほど歩けば、気持ちのいい山頂

重信秀年（しげのぶ・ひでとし）

1961年広島市生まれ。山歩きと歴史のライター。早稲田大学卒。高校時代は山岳部、大学時代は探検部に所属。高校の国語教諭、広告の制作会社などを経てフリーライターに。著書に『おすすめ！ ソロキャンプ 関東・中部 厳選30』（東京新聞）、『多摩・奥多摩ベストハイク30コース』（同）、『50にして天命を知る 大人の御朱印』（同）など。

奥武蔵・秩父
ベストハイク
30コース

2023年3月31日　第1刷発行

著　者　重信秀年
発行者　岩岡千景
発行所　東京新聞
〒100-8505 東京都千代田区内幸町2-1-4
中日新聞東京本社
電話　[編集] 03-6910-2521
[営業] 03-6910-2527
FAX　03-3595-4831
デザイン　ポンプワークショップ 堀江純治 馬場絵理
写真撮影　重信秀年
地図製作　奥村紀和夫
印刷・製本　株式会社シナノパブリッシングプレス

ISBN978-4-8083-1083-7　C0075